Nota introductoria: en este documento se ha intentado preservar el espíritu espontáneo y natural del archivo Word original escrito por el autor en el año 2007 y que incluía el diccionario al completo. El Diccionario es dinámico porque durante muchos años se fueron incorporando nuevos vocablos o se iban actualizando definiciones o datos diversos que completaban los textos de cada término. Los términos cuyas definiciones eran muy largas – véase Crisis – se adjuntaban como un documento anexo. De ahí que el documento Crisis 2007-2008 circulase masivamente por las redes, convirtiéndose, así, en el primer fenómeno viral en lengua hispana y, posteriormente, en el *best seller* del año 2009. Con este diccionario empezó todo.

De la misma forma, la maquetación adorablemente anárquica, se ha preservado para entender la sencillez y la autenticidad de este diccionario, el cual es considerado - en el mundo económico y empresarial - como el "María Moliner de la economía".

El diccionario sigue siendo dinámico y esta edición será, posiblemente, la primera de muchas: diariamente siguen saliendo nuevas expresiones dignas de ser incorporadas y el autor sigue atento para cazarlas al vuelo. De esta forma, continúa siendo fiel a su idea inicial: "Esto lo escribí para mí, para entenderlo yo. Y he descubierto que, si yo lo entiendo, la gente lo entiende".

Lista de términos edición enero 2025

1. ABRAZAFAROLAS
2. ABSENTISMO PRESENCIAL
3. ABSPP
4. ACCIÓN AFIRMATIVA
5. ACCIÓN COLECTIVA
6. ACCIÓN EFECTIVA
7. ACCIONES PREFERENTES
8. ACELERÓMETRO
9. ACOSO LABORAL O MORAL.
10. ACTIVOS CONTAMINADOS, DETERIORADOS, ILÍQUIDOS O TÓXICOS
11. ACTIVOS FISCALES DIFERIDOS
12. ACTIVOS SUBYACENTES
13. ACUERDO DE ACUSACIÓN DIFERIDO
14. ACUERDOS RUBIK
15. ADHD
16. ADSL DESNUDO
17. ADVERGAMING
18. ADULESCENCIA
19. ADVERTAMENT
20. AEAT
21. AFIANZA
22. AFIS
23. AFTERWORK
24. AGENCIAS DE PROXY
25. AGENCIAS DE RATING
26. AGENTE URBANIZADOR
27. AGENTES DE INFORMACIÓN GLOBAL
28. AGFLATION.
29. AGGREGATOR
30. AGUA VIRTUAL
31. AHORRO CORPORACIÓN
32. AIREF
33. ALBA
34. ALC
35. ALCA
36. ALCOLOCK
37. ALETEO.
38. ALIANCIA.
39. AMAKUDARI
40. AMPLIACIÓN BLANCA
41. AMPLIACIÓN EXPRESS
42. ÁNGEL CAÍDO
43. ANIMAL SPIRITS
44. AOC
45. APAGÓN ANALÓGICO
46. APALANCAMIENTO
47. APATÍA RACIONAL
48. APM
49. APOROFOBIA
50. APPCC
51. APPORTIONMENT
52. APUESTA ALCISTA
53. APUESTAS A LA BAJA.
54. AQAP
55. ARANCELES CARRUSEL
56. AREB
57. ÁREA DE SCHENGEN
58. AROMARKETING
59. AROPE
60. ARPU
61. ARRENDAMIENTO OPERATIVO
62. ARTIVISMO SOCIAL
63. ASA
64. ASAP
65. ASESORAMIENTO INDEPENDIENTE
66. ASOCIACIONES DE ACCIONISTAS
67. ASPAC
68. ASPECTISMO
69. ASSESMENT CENTER
70. ASSET ALLOCATION
71. ASSET QUALITY REVIEW
72. ATA
73. ATC
74. ATERRIZAJE VERDE
75. ATM
76. AUTOMATRICULACIÓN
77. AUTOPSIA PSICOLÓGICA
78. AUTORIDAD BANCARIA EUROPEA
79. AVANÇSA
80. AVATAR
81. BABY
82. BACK OFFICE
83. BAIL-IN
84. BAIL-OUT
85. BALANZA FISCAL
86. BALANZA POR CUENTA CORRIENTE
87. BALCONING
88. BANCA COMERCIAL

89. BANCA DE INVERSIÓN
90. BANCA EN LA SOMBRA
91. BANCA ISLÁMICA O BANCA HALAL
92. BANCA PRIVADA
93. BANCO CENTRAL EUROPEO, BCE
94. BANCO CUSTODIO
95. BANCO DE AGUA.
96. BANCO EUROPEO DE INVERSIONES
97. BANCO GUARDIÁN
98. BANCO NEGRO O BANCO MALO
99. BANCO ZOMBI
100. BANKSTER.
101. BARCELONA PROCESS
102. BAR GOOGLE
103. BAR TWITTER
104. BARRIDO DE CUENTA O CASH POOLING
105. BASE IMPONIBLE
106. BASILEA II
107. BASILEA III
108. BBB
109. BCIN
110. BDB
111. BEAUTY PARADE
112. BEPI
113. BEHAVIOURAL ADVERTISING
114. BENCHMARKING
115. BENEFICIO ATÍPICO
116. BENEFICIO RECURRENTE
117. BENEVOLENT MANUFACTURING STATE
118. BERRY AMENDMENT.
119. BEST FRIEND
120. BEST SELLERS
121. BETA
122. BIASED EVIDENCE
123. BIBLIOTERAPEUTA
124. BIC
125. BIG OIL
126. BILATERALIDAD
127. BINGE DRINKING
128. BINGE WATCHING
129. BIOCARBURANTES
130. BIODIESEL
131. BIOETANOL
132. BIOÉTICA
133. BIOLOGICS
134. BIOMETRÍA
135. BIOPIC
136. BISTRONOMIE
137. BITCOIN
138. BLACK CARBON
139. BLACKFACE
140. BLACK FRIDAY
141. BLACK SWAN
142. BLENDED LEARNING
143. BLIGHT BLUSTERS
144. BLINK
145. BLOCKCHAIN
146. BLOG
147. BLUE BANANA
148. BLUE DOGS
149. BLUE MONDAY
150. BOILER ROOM
151. BOLIBURGUESES
152. BOLKESTEIN
153. BOLSA DE DIÓXIDO DE CARBONO
154. BOMBAS DE RACIMO
155. BONO DE MÁXIMOS
156. BONO DIFERIDO
157. BONO POR DESEMPEÑO
158. BONO SOCIAL
159. BONOS HIGH YIELD
160. BONOS ISLÁMICOS
161. BONOS SAMURAI
162. BONOS SENIOR
163. BOOK BUILDING
164. BOOKRUNNER
165. BOREOUT
166. BOTE DE SUS SEÑORÍAS
167. BOTNET
168. BOYCOTT
169. BPA
170. BPI
171. BPO
172. BREAK EVEN
173. BRECHA DIGITAL GEOGRÁFICA
174. BRENT
175. BRETON WOODS
176. BREXIT
177. BRIC
178. BRICA
179. BRIGADA ARANZADI
180. BRUNCH
181. B2C.
182. BUILD UP
183. BUILDING SOCIETY
184. BULLET

185. BUND
186. BUNDESRAR
187. BUNDESTAG
188. BUNDLING
189. BURDEN SHARING
190. BURNOUT
191. BUSINESS ANGELS
192. BUSINESS PLAN
193. BUZZ MARKETING
194. CAA
195. CABALLERO BLANCO
196. CAFETERIA COMPENSATION PLAN.
197. CALAMIDAD FINANCIERA
198. CALL
199. CÁMARA DE COMPENSACIÓN
200. CAMPEÓN OCULTO
201. CAMPANU
202. CANON DIGITAL
203. CAP
204. CAPITAL BÁSICO
205. CAPITAL FULLY LOADED
206. CAPITAL RIESGO
207. CAPITAL SEMILLA
208. CAPITALES GOLONDRINOS
209. CAPITALISMO MENDIGO
210. CARBON CREDIT
211. CARRIL BUS-VAO
212. CARRY TRADE
213. CARTEL
214. CASHBACK
215. CASH-BASIS
216. CASH-BURN
217. CASH POOLING O BARRIDO DE CUENTA
218. CASHU, TARJETA
219. CASTLE DOCTRINE
220. CATEGORY KILLER
221. CAVEAT
222. CBPP3
223. CCO
224. CDA
225. CDS
226. CÉDULAS MULTICEDENTES O MULTICONTRIBUIDAS
227. CEHAT
228. CER
229. CER RECICLADOS
230. CÉNTIMO SANITARIO
231. CÉNTIMO VERDE
232. CENTROS OFFSHORE
233. CEO
234. CEPYME
235. CERTIFICACIÓN MEDIOAMBIENTAL
236. CET 1
237. CETA
238. CFD
239. CFO
240. CHEQUE ACTIVO
241. CHEQUE BEBÉ
242. CHEQUE TRANSPORTE
243. CHEQUE VIVIENDA
244. CHICHARROS
245. CHILL OUT
246. CIADI
247. CIBERCONDRIACO
248. CIELOS ABIERTOS
249. 5 AL DÍA
250. CITTÀ SLOW
251. CIUDADES ECONÓMICAS
252. CKO
253. CLASE CREATIVA
254. CLASS ACTION
255. CLÁUSULA GENERAL DE ESCAPE
256. CLÁUSULA TÚNEL
257. CLAWBACK
258. CLEAN SHEET
259. CLI
260. CLIFF HANGER
261. CLO
262. CLOUD COMPUTING.
263. CLUB DEAL
264. CLUSTER
265. CMA
266. CMHC
267. CMMI
268. CMT
269. CNMC
270. CNMV
271. COAUDITORÍA
272. COBERTURA (RATIO DE)
273. COCINA FUSIÓN
274. COCOONING
275. COCOS
276. CÓDIGO WALKER
277. COHETES Y PLUMAS
278. COLCHÓN DE CAPITAL
279. COLLATERAL
280. COMBAT FATIGUE
281. COMERCIALIDAD
282. COMFIA
283. COMISIÓN DE ÉXITO

284. COMISIÓN DE SERVICIO
285. COMISIÓN VENECIA
286. COMISIONADOS
287. COMISIONES
288. COMMUNITY MANAGER
289. COMPETENCIAS IMPROPIAS
290. COMPLIANCE
291. COMPROMISOS EXTRAPRESUPUESTARIOS
292. CONCESIÓN
293. CONFIRMING
294. CONNECTING DOTS
295. CONSEJERO INDEPENDIENTE COORDINADOR
296. CONSEJO ASESOR DE CLIENTES
297. CONSIGNATARIO
298. CONSULTORÍA DOMÉSTICA
299. CONTACTLESS SHOPPING
300. CONTRASPLIT
301. CONTRATO DE DERECHO DE SUPERFICIE
302. CONTRATO DE PRODUCTOS DERIVADOS
303. CONTRATO DE RELEVO
304. COOKIES
305. COOLHUNTER
306. COOPERACIÓN REFORZADA
307. COOPTACIÓN
308. CORE BUSINESS
309. CORE CAPITAL
310. CORE INFLATION
311. COSTE DE CAPITAL
312. COUCHSURFING
313. COVENANTS
314. COVER UP
315. COVID-19
316. CPM
317. CRASH BURSÁTIL
318. CRAWLING
319. CRB
320. CREADORES DE MERCADO
321. CREATIVACIÓN
322. CRECIMIENTO ORGÁNICO.
323. CREDIT CRUNCH
324. CREDIT MUNCH
325. CRÉDITO BLANDO
326. CRÉDITO DOCUMENTARIO
327. CRÉDITO DUDOSO
328. CRÉDITO FINALISTA
329. CRÉDITO GRANJA
330. CRÉDITO SINDICADO COMÚN
331. CRÉDITO SUBESTÁNDAR
332. CREPÚSCULO DEL PODER
333. CRIMES AGAINST HUMANITY
334. CRÍMENES DE GUERRA
335. CRISIS. TIPOS
336. CRISIS NINJA
337. CRM
338. CRONY CAPITALISM
339. CROSS SELLING
340. CROWDFUNDING
341. CROWDING OUT
342. CROWDLENDING
343. CSIF
344. CSN
345. CTC
346. C-TPAT
347. CUARTA REVOLUCIÓN INDUSTRIAL
348. CUATRO LIBERTADES DE LA UNIÓN EUROPEA
349. CUCHARABILIDAD
350. CUENTAS AGREGADAS Y CONSOLIDADAS
351. CUENTAS NOCIONALES
352. CULLING
353. CUOTA LITIS
354. CUOTAS PARTICIPATIVAS
355. CUPO VASCO
356. CURVA DE LAFFER
357. CYBER MONDAY
358. D & O
359. DACIÓN EN PAGO DE DEUDA
360. DAFO
361. DARK STORE
362. DATING EXPRES
363. DCMR
364. DDOS
365. DECLICKER
366. DECONSTRUCCIÓN
367. DECOUPLING
368. DECRETO RATO
369. DECRETO 3 + 2
370. DEEP FAKE
371. DEEP WEB
372. DEFAULT
373. DÉFICIT CONCURSAL, POR CUENTA CORRIENTE, EXTERIOR O COMERCIAL
374. DÉFICIT DE TARIFA
375. DÉFICIT FISCAL
376. DÉFICIT PRIMAR
377. DEFLACTACIÓN

378. DEG
379. DELAY AND PRAY
380. DELEVERAGING
381. DELIVERY
382. DEMANDA COLECTIVA
383. DENIAL OF SERVICE.
384. DENOS
385. DEPRESIÓN
386. DERECHOS DEL FÚTBOL
387. DERIVADOS.
388. DESACOPLAMIENTO
389. DESAMORTIZACIÓN
390. DESARROLLO SOSTENIBLE
391. DESBANCARIZACIÓN
392. DESCARGA LEGAL DE PELÍCULAS Y OTROS CONTENIDOS VIDEOGRÁFICOS VÍA INTERNET
393. DESCORCHE
394. DESESTACIONALIZACIÓN
395. DESMUTUALIZACIÓN DE LAS BOLSAS
396. DESPACHO AMIGO.
397. DESTRUCCIÓN CREATIVA
398. DTA O ACTIVOS FISCALES DIFERIDOS
399. DEUDA CON RECURSO
400. DEUDA SIN RECURSO
401. DEUDA CORPORATIVA NO FINANCIERA
402. DEUDA ODIOSA
403. DEUDA SUBORDINADA
404. DEVELOPMENT CENTER
405. DEVOLUCIÓN EN CALIENTE
406. DIFERENCIAL DE CLIENTES
407. DILUCIÓN
408. DINAMIZADOR SOCIAL
409. DINERO HELICÓPTERO
410. DINERO NEGRO
411. DIRCOM
412. DIRECT LENDING
413. DISCIPLINA PRESUPUESTARIA
414. DISCURSO DEL ASCENSOR
415. DISTOPÍA
416. DISTRACCIÓN
417. DISTRESSED DEBT
418. DISTRESSED FUNDS
419. DISTRIBUTED MANUFACTURING
420. DIVIDENDO DIGITAL
421. DIVIDENDO FLEXIBLE
422. DO
423. DOBLE ESCALA SALARIAL
424. DOCTRINA BAGEHOT
425. DOCTRINA BUSH
426. DOCTRINA SINATRA
427. DODD & FRANK
428. DON'T ASK, DON'T TELL
429. DOOMSCROLLING
430. DOUBLE DIP
431. DOUBLE IMPACT INVESTMENT
432. DOWNSHIFTING
433. DOWNSTREAM
434. DRONE
435. DRUNCH
436. DSS
437. DTC
438. DUCK EASIES
439. DUDOSIDAD
440. DUE DILIGENCE
441. DUI
442. EAFI
443. EARLY ADOPTER
444. EBA
445. EBAU O EVAU
446. EBE
447. EBITDA
448. EBITDAR
449. E-BOOK
450. ECDC
451. ECOBARRIO
452. ECOEFICIENCIA
453. ECOFATIGA
454. ECOFIN
455. ECONOMÍA APLICADA
456. ECONOMÍA AZUL
457. ECONOMÍA COLABORATIVA
458. ECONOMÍA REAL
459. ECONOMISTA FORENSE
460. ECOTASA
461. ECUACIÓN MONETARISTA
462. EEES
463. EFC
464. EFECTO BANDWAGON
465. EFECTO BRADLEY
466. EFECTO CALENDARIO
467. EFECTO CASH-BURN
468. EFECTO DESÁNIMO
469. EFECTO ESCALÓN O EFECTO COMPARACIÓN
470. EFECTO ESTAMPIDA

471. EFECTO EXPULSIÓN
472. EFECTO GURÚ
473. EFECTO LUNES
474. EFECTO MANDÍBULA
475. EFECTO MODIGLIANI
476. EFECTO PRECIPICIO.
477. EFECTO STREISAND
478. EFECTO TEQUILA
479. EFECTO UMBRAL
480. EFECTO VERANO
481. EFF
482. EFFICIENCY PARADOX
483. EFICIENCIA
484. EGM
485. ELA
486. E-LEARNING
487. ELECTROLINERA
488. ELECCIONES NORTEAMERICANAS
489. ELEVATOR PITCH
490. ELUSIÓN FISCAL
491. EMBALSE CONTRACÍCLICO
492. EMBEDDED
493. EMOJI
494. EMPLOYER BRANDING
495. EMPRESA COGNITIVA
496. EMPRESA GACELA
497. EMPRESA HUECA
498. EMPRESA YIELDCO.
499. ENDEUDAMIENTO FINANCIERO
500. ENDORSEMENT
501. ENERGY BILL
502. EONIA
503. EPA, ENCUESTA DE POBLACIÓN ACTIVA
504. EPA, ESQUEMA DE PROTECCIÓN DE ACTIVOS
505. EPC
506. EQUITY SWAP
507. ERE
508. E-READER
509. ERT
510. ERTE
511. ERTMS
512. ESPIRAL DE GASTO CRECIENTE
513. ESTADO DE BIENESTAR
514. ESTADO FALLIDO
515. ESTANFLACIÓN
516. ESTRATEGIA DE OCÉANO AZUL
517. ESTRUCTURA BULLET
518. ESQUEMA DE MOVILIDAD
519. ETNOGRAFÍA
520. ETOP
521. ETF
522. ETT
523. ETVE
524. EURIBOR
525. EURIBOR PLUS
526. EURO ÁREA 4
527. EUROBONOS
528. EUROORDEN
529. EUROPIGMEO
530. EUROPOL
531. EUROSTAT
532. EURO TIGERS
533. EUROVIÑETA
534. EUROZONA
535. EVENTO DE CRÉDITO.
536. E-VERIFY
537. EWYK
538. ÉXIT TAX
539. EXPOSICIÓN DUDOSA
540. EXTERNALIZACIÓN
541. EXTIMIDAD
542. FAA
543. FACEBOOK
544. FACE PLANT
545. FACILIDAD DE DEPÓSITO
546. FACILIDAD PARA LA RESILIENCIA Y LA RECUPERACIÓN, EFF
547. FACILITADOR DE CRÉDITO.
548. FACILITY MANAGEMENT
549. FACTORES QUE INFLUYEN EN LA FIJACIÓN DE SALARIOS
550. FACTORING
551. FACTURA E
552. FACUA
553. FADE
554. FAIRNESS OPINION
555. FAIR PLAY FINANCIERO
556. FANNY MAE
557. FÁRMACO HUÉRFANO
558. FARMER
559. FASB
560. FASES PROCESALES
561. FFTH
562. FGD
563. FIJACIÓN VERTICAL DE PRECIOS
564. FINANCIACIÓN AUTONÓMICA

565. FINANCIALIZACIÓN
566. FINCEN
567. FLASH MOB
568. FLASH ROB
569. FLAT TAX
570. FLEXISEGURIDAD
571. FLIGHT TO QUALITY
572. FLIPPED CLASROOM
573. FLOATING
574. FMI
575. FOFISANO
576. FOLKSONOMY
577. FOLLOWER
578. FONDO BRIC
579. FONDO BUITRE
580. FONDO CONTRACÍCLICO
581. FONDO DE COMERCIO
582. FONDO DE COMERCIO FINANCIERO
583. FONDO DE CONTINGENCIA
584. FONDO DE GARANTÍA DE DEPÓSITOS EN ESTABLECIMIENTOS FINANCIEROS
585. FONDO ESPAÑOL DE CARBONO. V. PROTOCOLO DE KIOTO
586. FONDO EUROPEO DE RESCATE
587. FONDO DE LIQUIDEZ AUTONÓMICO
588. FONDO ÓMNIBUS
589. FONDO DE RESERVA DE LA SEGURIDAD SOCIAL
590. FONDOS CONCEPTO
591. FONDOS DE INVERSIÓN LIBRE. V. HEDGE FUNDS.
592. FONDOS SOBERANOS
593. FONDOS VAR (VALUE AT RISK)
594. FORMAS JURÍDICAS DE LA EMPRESA
595. FOOD TRUCKS
596. FOR AND FROM
597. FORDISMO
598. FORTRESS BRITAIN
599. FORWARD START FACILITY
600. FRAUDE POR AFINIDAD
601. FRAUDE CARRUSEL
602. FREAKONOMICS
603. FREDDIE MAC
604. FREE FLOAT
605. FREE FLOW
606. FREEMIUM
607. FREE RIDING
608. FRESHMAN 15
609. FROB
610. FRONT RUNNING
611. FRUIT PHILANTHROPIST
612. FTPYME
613. FUNCAS, FUNDACIÓN DE CAJAS DE AHORRO
614. FUNCIONARIOS
615. FUTUROS
616. G-14
617. G-20
618. G-30
619. GAAP
620. GAMER
621. GARANTÍA DE INDEMNIDAD
622. GARDEN LEAVE
623. GASOLINA, ESQUEMA DE PRECIOS
624. GATE-KEEPERS
625. GAV
626. GEEKS
627. GEEKS ON A PLANE
628. GENERACIÓN BOLLICAO
629. GENERACIÓN NEET
630. GENERACIÓN NERD
631. GENERACIÓN NINI
632. GENERACIÓN WE
633. GENTRIFICATION
634. GNL
635. GEOCACHING
636. GEOMETRÍA VARIABLE
637. GERRYMANDERING
638. GESTOR DE RIESGOS
639. GIG ECONOMY
640. GIGONOMICS
641. GLAMPING
642. GLASS STEAGALL
643. GLITCH
644. GLOBISH
645. GLOCAL
646. GNL
647. GOLDEN SHARE
648. GOLDILOCKS
649. GOOGLE
650. GOOGLE ZEITGEIST
651. GRAN RIESGO
652. GRANULARIDAD
653. GNH
654. GOBERNANZA

655. GPP
656. GPS
657. GREEKMENT
658. GREENHOUSE GASES
659. GREXIT
660. GROWTH HACKING
661. GRP
662. GRUPO DE ALBURQUERQUE
663. GRUPO DE VISEGRAD
664. GRUPO 5 + 1
665. GSMA
666. HACKER
667. HANDLING
668. HAIRCUT
669. HAT TRICK
670. HEDGE FUNDS.
671. HELGYFELL
672. HELICÓPTERO
673. HERD IMMUNITY
674. HERENCIA INTESTADA
675. HIDDEN CHAMPIONS
676. HIKIKOMORI
677. HINDSIGHT BIAS, SESGO RETROSPECTIVO
678. HIPOTECA INVERSA
679. HIPOTECA MULTIDIVISA
680. HIPOTECA PRIME
681. HIPOTECA SUBPRIME
682. HIRAME
683. HISPABONOS
684. HITMAN
685. HOAX
686. HOMBRE DE BAJO IMPACTO
687. HOMEGROWN TERRORISM
688. HOME ZONE
689. HOTELES BURBUJA
690. HOTSPOT
691. HOUSING AFFORDABILITY RATIO
692. HUB
693. HUCHA DE PENSIONES
694. HUELLA DE CARBONO
695. HUELLA ECOLÓGICA
696. HUELLA HÍDRICA
697. HUERTO SOLAR
698. HUNTER
699. I + D + I
700. IASB
701. IBG, YBG
702. IBRM INDEPENDENT BUSINESS REVIEW
703. ICO
704. IDELOGÍA CLOROFILA
705. IED
706. IHE
707. IMPUESTO AL SOL
708. IMPUESTO ROBIN HOOD
709. INDICADOR DE PARIDAD DE PODER DE COMPRA (PPC), O PURCHASING POWER PARITY (PPP)
710. INDICADORES DE LA MARCHA DE LA ECONOMÍA Y DE LA SITUACIÓN EN GENERAL
711. INFLACIÓN SUBYACENTE
712. INFOBESIDAD
713. INFORME ZERP
714. INFLACIÓN DE ACTIVOS
715. INGRESOS FINALISTAS
716. INITIAL PUBLIC OFFERING (IPO
717. INMUNIDAD DE REBAÑO
718. INNOVIQUITY
719. INSIDER
720. INSIDER TRADING
721. INSTITUTO NACIONAL DE ESTADÍSTICA, INE
722. INSTRUMENTOS HÍBRIDOS
723. INTELIGENCIA CONTEXTUAL
724. INTELIGENCIA DE 1ª CLASE
725. INTENSIDAD ENERGÉTICA
726. INTERMITENTES
727. INTERNET DE LAS COSAS, INTERNET OF THINGS
728. INTERNET PROFUNDA
729. INTERPOL
730. INTRAEMPRENDEDOR
731. INÚTIL LABORAL
732. IOU
733. IPC
734. IPCA
735. IPHONE
736. IPOD (AI-POD)
737. IPOD (I-POD)
738. IPREM
739. IRPF
740. IRPH
741. IRS
742. ISA
743. ISE
744. ISIS
745. ISRAELITA
746. ITC
747. ITER

748. IT GIRL
749. ITINERANCIA
750. IT MOM
751. ITS
752. IUS SANGUINI
753. IUS SOLI
754. IZQUIERDA CAVIAR
755. JANTELOVEN
756. JOB MATCHING
757. JOBLESS RECOVERY
758. JORNADA LABORAL
759. JUBILACIÓN DE ORO
760. JUEGO DEL GOOGOL
761. KAIZEN COSTING
762. KAKISTOCRACIA
763. KERNEUROPA
764. KILL SWITCH
765. KITTEN HEELS
766. KNOWLEDGE MANAGER
767. KOBAMU
768. KURZARBEIT
769. LA COSTA NOSTRA
770. LAME DUCK
771. LATE TRADING
772. LATERAL HIRE
773. LATERAL PARTNER HIRE
774. LATIBEX
775. LAYOUT
776. LCH CLEARNET
777. LEAD INDEPENDENT DIRECTOR
778. LED
779. LEET
780. LEVEL PLAYING FIELD
781. LEVERAGED BUY-OUT (LBO)
782. LEY DE ACOMPAÑAMIENTO DE LOS PRESUPUESTOS
783. LEY DE DEPENDENCIA
784. LEVEL PLAYING FIELD
785. LEY DE GOODHART
786. LEY DE GRESHAM
787. LEY DE JANTE
788. LEY DE MOORE
789. LEY DE NIETOS
790. LEY DE OKUN
791. LEY RICO
792. LEY SABARNES-OXLEY
793. LEY DE SAY
794. LEY DE TRANSITORIEDAD
795. LEY VOLKSWAGEN
796. LEY MORDAZAI
797. LEY ÓMNI
798. LEY RATO
799. LEY SARBANES-OXLEY
800. LGT
801. LIBERADOS SINDICALES
802. LIBERADOS SINDICALES INSTITUCIONALES
803. LIBOR
804. LICENCIA MUNICIPAL DE APERTURA
805. LICENSING
806. LÍDER AMABLE
807. LÍDER RESONANTE
808. LIKE-TO-LIKE O LIKE-FOR-LIKE
809. LÍNEA ÉTICA
810. LINKEDIN
811. LISTA CREMALLERA
812. LISTBROKER
813. LISTA 103
814. LISTING
815. LLAMADAS SILENCIOSAS
816. LNG, LIQUIFIED NATURAL GAS
817. LOAN TO VALUE, LTV
818. LOAPA
819. LOCKDOWN
820. LOCKSTEP
821. LOCK-UP
822. LOFCA
823. LONDON FIX
824. LOPD
825. LOS CUATRO MOTORES
826. LTRO
827. LOVEWORK
828. LOWXURY
829. LPI
830. LUCES APAGADAS
831. LUDISMO
832. MAASTRICHT, TRATADO DE
833. MAB
834. MADE IN SWITZERLAND
835. MADE4U (MADE FOR YOU
836. MADOFF BILL
837. MADRE MILLENNIAL
838. MAGIC CIRCLE
839. MAKING OF
840. MALWARE
841. MAN OF SYSTEM
842. MANAGEMENT APPRAISAL
843. MANGUERAZO
844. MANSPLAINING

845. MARGEN BRUTO
846. MARINA SECA
847. MARF
848. MARKET SOUNDING
849. MASHUP
850. MASSTIGE
851. MAT
852. MAYÉUTICA
853. MBO
854. MBI
855. MCA
856. MCAA
857. MECATRÓNICA
858. ME, HERE, NOW ERA
859. MEDIA FOR EQUITY
860. MEDICAN
861. MEDICINA CONCIERGE
862. MEFF
863. MEME
864. MEMORANDUM OF UNDERSTANDING, MOU
865. MEMORIA DE SOSTENIBILIDAD
866. MENA
867. MERCADO ALCISTA/BAJISTA
868. MERCADO ALTERNATIVO BURSÁTIL
869. MERCADO ASIMÉTRICO
870. MERCADO DE RESTRICCIONES
871. MERCADO INTERBANCARIO
872. MICKEYS
873. MICROBLOGGING
874. MICROBURGUESÍA LOW COST
875. MICROMANAGEMENT EXCESIVO
876. MICROTARGETING
877. MIDNIGHT REGULATIONS
878. MIFID
879. MID SWAP
880. MILLENIAL
881. MINDFULNESS
882. MINIEMPLEO
883. MINORITY COMPANY
884. MIST
885. MOAB
886. MWC
887. MODELO ALEMÁN O ABONO TOTAL DE PRECIO
888. MODELO ORIGINAL PARA DISTRIBUIR
889. MODERNIDAD LÍQUIDA
890. MODIFICADO DE OBRA
891. MOMENTO MINSKY
892. MOMPRENEURS, MAMIEMPRENDEDORAS
893. MONOLINE
894. MORA FRESCA
895. MORAL COMPASS
896. MORAL HAZARD, RIESGO INDUCIDO
897. MORNINGOPHILES
898. MOSQUITO
899. MOVIMIENTO
900. MOVIMIENTO SLOW
901. MREL
902. MULTIFAMILY OFFICE
903. MULTIPLICADOR KEYNESIANO
904. MULTIPOSESIÓN
905. MURALLAS CHINAS
906. MUS
907. NAA
908. NAME DROPPING
909. NAMING, AGENCY OF
910. NATURAL HAT TRICK
911. NAV
912. NBA
913. NEARSHORE
914. NEET
915. NEGAVATIO
916. NEOFILIA
917. NETBOOK
918. NETIQUETA
919. NET LÉASE
920. NEUROMARKETING.
921. NEURONAS ESPEJO
922. NEW MONEY
923. NEXTGEN
924. NG
925. NIC
926. NIMBY
927. NINI
928. NINJA
929. NNAV
930. NON PERFORMING LOANS
931. NORMAS CONTABLES
932. NORMAS DE COPENHAGUE
933. NPL
934. NÚCLEO DURO
935. NUEVA NORMALIDAD
936. NÚMERO BRILLANTE
937. OASIS
938. OBAMACARE

939. OBAMU
940. OBESITY TAX
941. OBLIGACIONES CONVERTIBLES
942. OBLIGACIONES SUBORDINADAS
943. OCDE
944. OEA
945. OFF-SHORE
946. OFICINA MULTI
947. OIBDA
948. OMNISHAMBLES
949. OMC
950. OMT
951. ONBOARDING
952. ONE OFF
953. ONIÓMANO
954. OPA
955. OPCIONES
956. OPCIONES SOBRE
957. OPERACIÓN ACORDEÓN
958. OPERACIÓN BIMBO
959. OPERACIÓN TWIST
960. OPERACIONES VINCULADAS
961. OPERADOR ANFITRIÓN
962. OPERADOR DEL MERCADO PETROLERO
963. OPERADOR DOMINANTE DEL MERCADO DE ENERGÍA
964. OPERADOR MÓVIL VIRTUAL
965. OPPORTUNITY WEEK
966. OPTIMAL STOPPING
967. OPV
968. ORGANIZACIONES, TIPOS DE
969. OTC
970. OUTPLACEMENT
971. OUTSOURCING
972. PA
973. PAC
974. PAC, POLÍTICA AGRARIA COMÚN DE LA UE
975. PACEO
976. PACMAN CHALLENGE
977. PACTO DE EL PARDO
978. PACTO DE ESTABILIDAD Y CRECIMIENTO, PEC.
979. PADRE
980. PAE
981. PAGO EN ACCIONES
982. PAGO POR CAPACIDAD
983. PAM
984. PANADERO
985. PANDA HUGGER
986. PANGLOSS
987. PARACAIDISTA
988. PARADOJA DE ABILENE
989. PARAÍSO FISCAL
990. PARKOUR
991. PARO
992. PARTICIPACIONES PREFERENTES
993. PARTNERSHIP
994. PASAPORTE COMUNITARIO
995. PASIVHAUS
996. PATENT TROLL
997. PATIO MAN
998. PAY OUT
999. PCC
1000. PEAJE EN LA SOMBRA
1001. PEAK OIL
1002. PEER TO PEER (P2P
1003. PENA DEL TELEDIARIO
1004. PEP
1005. PEPP
1006. PER
1007. PERÍMETRO DE LA HERENCIA
1008. PERMUTA DE INTERESES
1009. PERP WALK
1010. PERSISTENCE
1011. PERSONAL SHOPPER
1012. PERT
1013. PETRÓLEO
1014. PGC
1015. PHARMING
1016. PHISHING
1017. PIANISTA
1018. PIB
1019. PICAS
1020. PIF
1021. PIGS
1022. PIIGS
1023. PILA DE COMBUSTIBLE
1024. PILAR SOCIAL EUROPEO
1025. PINGÜINIZACIÓN
1026. PIPE
1027. PITUFEO
1028. PIVE
1029. PKT
1030. PLAN DE JUBILACIÓN DE FUNCIONARIOS
1031. PLAN DE RECUPERACIÓN, TRANSFORMACIÓN Y RESILIENCIA
1032. PLAN PREPARA

1033. PLAN PREVER
1034. PLAN SATELITAL
1035. PLANES DE PONZI
1036. PLATAFORMA SEGREGADA
1037. PLV
1038. PLEA BARGAIN
1039. PMI
1040. POBLACIÓN ACTIVA
1041. POBREZA
1042. PODCASTING
1043. POLÍTICA ECONÓMICA O ECONOMÍA APLICADA
1044. POOL ELÉCTRICO
1045. POP UP
1046. POP UP STORE
1047. PORRAJMOS
1048. PORTABILIDAD
1049. POS
1050. POSICIÓN BAJISTA, POSICIÓN CORTA, SHORT SELLING
1051. POSICIÓN DE UN INVERSOR
1052. POSTNUPS
1053. POSVERDAD
1054. POTUS
1055. POWER PLATE
1056. PPP
1057. PRECARIEDAD LABORAL
1058. PRECIO DE EJERCICIO
1059. PRECIOS DE LOS CARBURANTES
1060. PRECIOS DE REFERENCIA
1061. PRESIÓN FISCAL
1062. PRESS CLIPPING
1063. PRESTACIÓN ACCESORIA
1064. PRÉSTAMO CON AMORTIZACIÓN BULLET
1065. PRÉSTAMO VERDE
1066. PRÉSTAMO DE VALORES
1067. PRESUMED CONSENT
1068. PRETEND AND EXTEND
1069. PREVENTAS RESIDENCIALES
1070. PRICE-RENT RATIO
1071. PRIMA DE CONTROL
1072. PRIMA DE RIESGO
1073. PRIMARY EFFECT
1074. PRISM
1075. PRIVATE EQUITY
1076. PRIVATE FINANCE INITIATIVE (PFI)
1077. PRIVILEGIE DER VISCSCHERIE
1078. PROANA
1079. PROCESO DE BARCELONA
1080. PROCESO DE BOLONIA
1081. PRODUCT PLACEMENT
1082. PRODUCTO INDUSTRIAL BRUTO (PIB)
1083. PROFESOR SOMBRA
1084. PROFIT WARNING
1085. PROGRAMA BLENDED
1086. PROGRAMA DE ALIVIO DE ACTIVOS EN PROBLEMAS
1087. PROGRAMA DE CLEMENCIA
1088. PROGRAMA DE PROTECCIÓN DE CLUBS DE LA FIFA
1089. PROJECT BONDS
1090. PROJECT FINANCE
1091. PROJECT FINANCE INITIATIVE (PFI)
1092. PROMOCIÓN DEL CORONA
1093. PROSOPOGRAFÍA
1094. PROSUMER
1095. PROTOCOLO DE KIOTO
1096. PROVEEDOR AGRUPADOR
1097. PROXY ADVISOR
1098. PROYECTO FÉNIX
1099. PROYECTO "LÍNEA DE VIDA
1100. PROYECTO "MUSCULAR
1101. PRUNCH
1102. PSPP
1103. PTED
1104. PTSD
1105. PUERTO SECO
1106. PUNTO BÁSICO
1107. PUNTO LIMPIO
1108. PUNTO MUERTO
1109. PUSH TO TALK
1110. PUT
1111. PUTPOCKETS
1112. PVPC
1113. Q10
1114. QE
1115. QUOTATION
1116. RACCORD
1117. RAINMAKER
1118. RANSONWARE
1119. RATING
1120. RATIO BIS
1121. RATIO DE COBERTURA
1122. RATIO DE DESEMBOLSO
1123. RATIO DE EFICIENCIA
1124. RATIO DE MOROSIDAD
1125. RATIO DE SERVICIO
1126. RBE

1127. REBRANDING
1128. REC
1129. RECHARGE IT
1130. RED MUNDIAL DE REMESAS
1131. RED NECKS
1132. REDES SOCIALES
1133. REDES SOCIALES PROFESIONALES
1134. REDD
1135. REFERÉNDUM
1136. REFERRAL ECONOMY
1137. REFLATION
1138. REGLA DE ORO
1139. REGLA DEL 37
1140. REIT
1141. REMAIN
1142. REMESADORAS
1143. REMUNERACIONES
1144. RENADE
1145. RENTA ACTIVA DE INSERCIÓN
1146. RENTA BÁSICA DE CIUDADANÍA
1147. RENTABILIDAD DE UNA VIVIENDA
1148. REPO
1149. REQUEST FOR PROPOSAL, RFP
1150. RESIGNATIO IN FAVORE
1151. RESILIENCIA, GRADO DE
1152. RESOLUCIÓN 4K O UHD
1153. RESOURCE CURSE
1154. RPA
1155. RESPONSABILIDAD SOLIDARIA
1156. RESPONSABILIDAD SUBSIDIARIA
1157. RETRIBUCIÓN FLEXIBLE
1158. RETRIBUCIÓN
1159. RESULTADO RECURRENTE
1160. REUNIFICADORES DE CRÉDITOS
1161. REUS, PARÍS, LONDRES
1162. REVISIÓN A
1163. REVISIÓN S
1164. REVPAR
1165. RFID
1166. RIESGO DE LONGEVIDAD
1167. RIESGO INDUCIDO O RIESGO MORAL
1168. RIESGO PAÍS
1169. RISK BASED PRICE
1170. ROAD SHOW
1171. ROAMING O ITINERANCIA
1172. RLAH
1173. ROBO ADVISOR
1174. ROBO-SIGNERS
1175. ROCKET DOCKET
1176. ROE
1177. ROGUE TRADERS
1178. RSC
1179. RSS
1180. RUI
1181. SAREB
1182. SAAD
1183. SALARIO MEDIANO
1184. SALE AND LEASE BACK
1185. SALLIES
1186. SALTO BASE
1187. SAPISEXUAL
1188. SASTRERÍA BESPOKE
1189. SAY ON PAY
1190. SCOUTER
1191. SCUPPY
1192. SCREENSCRAPPERS
1193. SCRIP DIVIDEND
1194. SE
1195. SEAT PITCH
1196. SEC
1197. SECOND LIFE
1198. SECONDARY MANAGEMENT BUY OUT
1199. SECONDMENT
1200. SECTOR SERVICIOS
1201. SEED
1202. SEGMENTACIÓN
1203. SEGURO C & O, D & O
1204. SEGURO D & O. SEPARACIÓN DE LA PROPIEDAD
1205. SENIORITY
1206. SEPBLAC
1207. SEPE
1208. SERIE DE FIBONACCI
1209. SERP
1210. SERVANT LEADER
1211. SERVICIO DE LA DEUDA
1212. SERVICIOS QUE PRESTAN LAS BOLSAS
1213. SESGO RETROSPECTIVO
1214. SGE21
1215. SGECR
1216. SHADOW BANKING
1217. SHARED ECONOMY
1218. SHARED SPACE
1219. SHARENTING
1220. SHENGEN

1221. SHOCK ADVERTISING
1222. SHOPAHOLIC
1223. SHOP-STOCK
1224. SHORT SELLING
1225. SIBE
1226. SICAV
1227. SIDE POCKET
1228. SIFI
1229. SIGNING FEE
1230. SIIC
1231. SILLAS CALIENTES
1232. SILO DEPARTAMENTAL
1233. SILVER BULLETS
1234. SIMPA
1235. SIN TAXES
1236. SINDICATO
1237. SÍNDROME DE LA BARRA DE ORO
1238. SÍNDROME DEL NEXT QUARTER
1239. SÍNDROME DEL SMARTPHONE
1240. SÍNDROME MARCO POLO
1241. SÍNDROME POSVACACIONAL
1242. SINÉCDOQUE EXPANSIVA
1243. SINGLE STREAM RECYCLING
1244. SIP
1245. SISTEMA DE METAS DE INFLACIÓN
1246. SISTEMA DE PENSIONES
1247. SISTEMA DE SOLIDARIDAD INTERTERRITORIAL
1248. SITUACIONISMO
1249. SIV
1250. SKIMMING
1251. SLEEP BOX
1252. SLEEPING PARTNER
1253. SLICKS
1254. SLOT
1255. SLOWFLATION
1256. SLOW MOVERS
1257. SLOW TRAVEL
1258. SMALL CAP
1259. SMALL-SCALE TERRORISM
1260. SMARQUESINA
1261. SMART CITY
1262. SMART GRID
1263. SMART LABEL
1264. SMARTPHONE
1265. SMI
1266. SMOOTHIES
1267. SNCE
1268. SOBRECUALIFICACIÓN
1269. SOCIEDADES INSTRUMENTALES FUERA DE BALANCE
1270. SOCIMI
1271. SOCIO PARLAMENTARIO PREFERENTE
1272. SOFT COMMODITIES
1273. SOFT POWER
1274. SOFT SKILLS
1275. SOFTWARE DE DOBLE USO
1276. SOLOPRENEUR
1277. SOTKA
1278. SPA
1279. SPINNING
1280. SPIN-OFF
1281. SPIT AND ACQUIT
1282. SPLIT
1283. SPOTIFY
1284. SPONSORSHIP
1285. SPR
1286. SPREAD
1287. STAGFLATION
1288. STARMAKER
1289. START UP
1290. STAYCATION
1291. STEERING COMMITTEE
1292. STOCK
1293. STOCK
1294. STEP SUCCESFUL TRANSGENERATIONAL
1295. ENTREPRENEURSHIP PROJECT
1296. STOCK PICKERS
1297. STREET MARKETING
1298. STREETOCRACY
1299. STRESS TEST
1300. SUBASTA DE ENERGÍA
1301. SUBASTERO
1302. SUBWAY SURFING
1303. SUDOKU
1304. SUELDOS LIBRES DE IMPUESTOS
1305. SUKUK
1306. SUNFLOWER
1307. SUNRISE PERIOD
1308. SUPERÁVIT PRIMARIO
1309. SUPERDELEGADOS
1310. SUPERMAJORS
1311. SUPER PAC
1312. SURE
1313. SWEETHEART DEALS

1314. SWING STATES
1315. SWIFT
1316. SWOT
1317. TABACO DE REGALÍA
1318. TAG
1319. TAG (OTRA ACEPCIÓN 1)
1320. TAG (OTRA ACEPCIÓN 2)
1321. TAGGING
1322. TAE
1323. TAKEOVER PANEL
1324. TAM
1325. TAPERING
1326. TAQUILLA INVERSA
1327. TARGET COSTING
1328. TARIFA DE ACCESO
1329. TARJETAS AFFINITIES
1330. TARJETAS CONTACTLESS
1331. TARP
1332. TASA GOOGLE
1333. TASA DE COBERTURA
1334. TASA DE INTERCAMBIO
1335. TASA DE REEMPLAZO
1336. TASA DE REPOSICIÓN
1337. TASA DE SUSTITUCIÓN
1338. TASA ROBIN HOOD
1339. TASA TOBIN
1340. TAX FREEDOM DAY
1341. TAX HAVEN
1342. TAX LEASE
1343. TAXI ROSA
1344. TAXONOMY
1345. TEAMING
1346. TEASER
1347. TEASER (OTRA ACEPCIÓN)
1348. TEF
1349. TELONERO
1350. TEASER
1351. TEDH
1352. TELEPRESENCIA
1353. TELETRABAJO INVERSO
1354. TENDERPRENEUR
1355. TEORÍA DE LOS JUEGOS
1356. TEOREMA DE THOMAS
1357. TERAVATIO HORA
1358. TERCER POLO
1359. TERCER SECTOR
1360. TÉRMINOS DE INTERCAMBIO
1361. TERRORISMO A PEQUEÑA ESCALA
1362. TESTAMENTO VITAL DE UNA ENTIDAD FINANCIERA
1363. TESTAFERRO
1364. TETRA
1365. TDT
1366. THAKSINOMICS
1367. THINSPIRATIONS
1368. TIC
1369. TIER 1
1370. TIPO DE INTERÉS TEASER
1371. TIPO REAL DE INTERÉS
1372. TITULIZACIÓN
1373. TJUE
1374. TLAC
1375. TLCAN
1376. TLTRO
1377. TOO BIG TO FAIL
1378. TOUR DE TABLES
1379. TPP
1380. TRAC
1381. TRACKING
1382. TRADING
1383. TRADING AUTOMÁTICO O ALGORÍTMICO
1384. TRAMPA DE DEUDA
1385. TRAMPA DE LA LIQUIDEZ
1386. TRAMPA DE TUCÍDIDES
1387. TRÁNSITO DE AGITACIÓN
1388. TRANSFORMATIONAL OUTSOURCING
1389. TRANSITION TOWNS
1390. TRANSUMER
1391. TRASTORNO DE ENCIERRO
1392. TRAZABILIDAD
1393. TRENDSETTER
1394. TREPA
1395. TRIGGER
1396. TRINOMIOS
1397. TRIPLE BALANCE
1398. TRIPLE NET LEASE
1399. TROIKA
1400. TROLL
1401. TRUST ECONOMY
1402. TSUNDOKU
1403. TT
1404. TTF
1405. TTIP
1406. TTP
1407. TUCK
1408. TUR
1409. TWITTER
1410. TRENDING TOPIC
1411. UAV
1412. UBER
1413. U-CITY

1414. UNIÓN EUROPEA (UE)
1415. UGOS
1416. ÚLTIMA MILLA
1417. ULTRAACTIVIDAD
1418. UNCTAD
1419. UNICORNIO
1420. UPPER CLASS.
1421. UPSTREAM
1422. URBANIZACIÓN
1423. USED
1424. VACACIONES FISCALES
1425. VAMPIRO DE ENERGÍA
1426. VANITY PLATES
1427. V2X
1428. VENDRIFICATION
1429. VENTA AL DESNUDO O VENTA AL DESCUBIERTO
1430. VENTA POR SELL-OUT
1431. VENTURE CAPITAL
1432. VIDEO SNACKING
1433. VIERNES SIN E-MAIL
1434. VINO SUPURADO
1435. VINTAGE
1436. VIVIENDA DE RENTA LIBRE
1437. VIVIR EN BETA
1438. VIVIR LOW COST
1439. VIVIR LOW PRICE
1440. VIRTOPSIA
1441. VIX
1442. VLJ
1443. VOCABLOS DE GOURMETS
1444. VOIP
1445. VOLUNTURISMO
1446. VOTO ZAPPING
1447. VPO
1448. VRANYO
1449. VUCA
1450. VULTURE FUNDS
1451. WAIVER
1452. W@VO
1453. WARDROBING
1454. WARRANT
1455. WATER NEUTRAL
1456. WEARABLE TECHNOLOGY
1457. WEBINAR
1458. WELFARE STATE
1459. WET LEASE
1460. WINDOW MAN
1461. WHISTLEBLOWER
1462. WHISTLEBLOWING HOTLINE
1463. WHITE LIST
1464. WIKI
1465. WIKILENGUA
1466. WIKIPEDIA
1467. WI-MAX
1468. WINDOW MAN
1469. WPA
1470. WRONG TRACK NUMBER
1471. WSBI
1472. YAYOFLAUTAS
1473. YEPPIES
1474. YIHAD COOL
1475. YPO
1476. ZAL
1477. ZDP
1478. ZERP
1479. ZOMBIES
1480. ZONA BLANCA
1481. ZONA DE EXCLUSIÓN AÉREA
1482. ZUGZWANG

1. ABRAZAFAROLAS
2. ABSENTISMO PRESENCIAL
3. ABSPP
4. ACCIÓN AFIRMATIVA
5. ACCIÓN COLECTIVA
6. ACCIÓN EFECTIVA
7. ACCIONES PREFERENTES
8. ACELERÓMETRO
9. ACOSO LABORAL O MORAL.
10. ACTIVOS CONTAMINADOS, DETERIORADOS, ILÍQUIDOS O TÓXICOS
11. ACTIVOS FISCALES DIFERIDOS
12. ACTIVOS SUBYACENTES
13. ACUERDO DE ACUSACIÓN DIFERIDO
14. ACUERDOS RUBIK
15. ADHD
16. ADSL DESNUDO
17. ADVERGAMING
18. ADULESCENCIA
19. ADVERTAINMENT
20. AEAT
21. AFIANZA
22. AFIS
23. AFTERWORK
24. AGENCIAS DE PROXY
25. AGENCIAS DE RATING
26. AGENTE URBANIZADOR
27. AGENTES DE INFORMACIÓN GLOBAL
28. AGFLATION.
29. AGGREGATOR
30. AGUA VIRTUAL
31. AHORRO CORPORACIÓN
32. AIREF
33. ALBA
34. ALC
35. ALCA

36. ALCOLOCK
37. ALETEO.
38. ALIANCIA.
39. AMAKUDARI
40. AMPLIACIÓN BLANCA
41. AMPLIACIÓN EXPRESS
42. ÁNGEL CAÍDO
43. ANIMAL SPIRITS
44. AOC
45. APAGÓN ANALÓGICO
46. APALANCAMIENTO
47. APATÍA RACIONAL
48. APM
49. APOROFOBIA
50. APPCC
51. APPORTIONMENT
52. APUESTA ALCISTA
53. APUESTAS A LA BAJA.
54. AQAP
55. ARANCELES CARRUSEL
56. AREB
57. ÁREA DE SCHENGEN
58. AROMARKETING
59. AROPE
60. ARPU
61. ARRENDAMIENTO OPERATIVO
62. ARTIVISMO SOCIAL
63. ASA
64. ASAP
65. ASESORAMIENTO INDEPENDIENTE
66. ASOCIACIONES DE ACCIONISTAS
67. ASPAC
68. ASPECTISMO
69. ASSESMENT CENTER
70. ASSET ALLOCATION
71. ASSET QUALITY REVIEW
72. ATA
73. ATC
74. ATERRIZAJE VERDE
75. ATM
76. AUTOMATRICULACIÓN
77. AUTOPSIA PSICOLÓGICA

78. AUTORIDAD BANCARIA EUROPEA
79. AVANÇSA
80. AVATAR

ABRAZAFAROLAS. Término puesto de moda hace años por un periodista deportivo (yo diría que era José Mª García). Especie de adulador permanente que vive de halagar a los demás, lo merezcan o no.

ABSENTISMO PRESENCIAL. El empleado acude a trabajar, pero destina toda o parte de su jornada laboral a ocuparse de asuntos no relacionados con las tareas que tiene encomendadas. Le llaman también **TELETRABAJO INVERSO.**

ABSPP. Ver QE.

ACCIÓN AFIRMATIVA. Sistema que exige cuotas de raza, de sexo, etc., para ocupar puestos.

ACCIÓN COLECTIVA. Ver CLASS ACTION y DEMANDA COLECTIVA.

ACCIÓN EFECTIVA. Medidas que hay que tomar para cumplir con los objetivos de Maastricht (lo que se llama objetivos fiscales).

ACCIONES PREFERENTES. Ver INSTRUMENTOS HÍBRIDOS

ACELERÓMETRO. Dispositivo que emite un sonido si el empleado que lo lleva está inmóvil dos minutos. Utilizado por alguna empresa para controlar a sus trabajadores.

ACOSO LABORAL O MORAL. Acumulación de trabajo sin disponer de medios; exigencia de trabajo en volumen y tiempo más allá de lo razonable; marginación del trabajador, dejarle sin funciones ni competencias.

ACTIVOS CONTAMINADOS, DETERIORADOS, ILÍQUIDOS O TÓXICOS. Distintos nombres que le dan a la porquería que tienen o han tenido las entidades financieras en sus Balances. 7.8.18. Y que están liquidando a toda velocidad, por indicación expresa del BCE. 0819. Se llaman **Non performing loans.**

ACTIVOS FISCALES DIFERIDOS. Ver DTA.

ACTIVOS SUBYACENTES. Activos sobre los que se emiten las Opciones, los Futuros o los Derivados.

Ver DERIVADOS.
Ver FUTUROS.
Ver OPCIONES.

ACUERDO DE ACUSACIÓN DIFERIDO. En USA, supone la suspensión de la inculpación siempre que la parte implicada reconozca los hechos y modifique su conducta.

Comentario. Me cuesta creer lo de la modificación de su conducta ("a partir de ahora, seré bueno").

ACUERDOS RUBIK. Pactos fiscales diseñados por Suiza y firmados con Alemania y Reino Unido, para proteger la identidad de sus clientes bancarios, a cambio de transferir a la Administración tributaria de los depositantes los impuestos derivados de los rendimientos de las cuentas. O sea, si yo, alemán o británico, tengo una cuenta en Suiza que me da unos rendimientos y los suizos me cobran unos determinados impuestos por esos rendimientos, esos impuestos se mandan a mi país sin decir mi nombre.

Abril 2017. No sé si están vigentes.

ADICAE. Asociación de Usuarios de Bancos, Cajas de Ahorros y Compañías de Seguros.

ADSL DESNUDO. Servicio de ADSL que pueden ofrecer los competidores de Telefónica sin tener que pagar la cuota de abono a esta Compañía.

Diciembre 09. La **CMT, COMISIÓN DEL MERCADO DE LAS TELECOMUNICACIONES**, ha multado a Telefónica con 11 M € por retrasar el lanzamiento de su oferta para que los competidores pudieran ofrecer este servicio.

ADVERGAMING. Product Placement en videojuegos. Ver **PRODUCT PLACEMENT**.

ADULESCENCIA. Estado en que una persona madura no abandona los hobbies que tenía de pequeño. Relacionado con el fenómeno **FREAKY**.

ADVERTAINMENT. Entretenimiento de marca, con los anunciantes metidos de lleno en el negocio de la creación de contenidos. Por ejemplo, la serie *"Los irrepetibles de Amstel"*, de la Sexta.

AEAT. AGENCIA TRIBUTARIA.

AFIANZA. Establecimiento Financiero de Crédito (EFC), que se constituyó en diciembre 07, creado por unas 30 Cajas de Ahorro españolas para avalar conjuntamente operaciones crediticias propuestas por sus miembros.

Abril 17. No sé si existe, porque han desaparecido muchas Cajas.

AFIS. Servicios de información de vuelo de aeródromos. Sistemas automáticos de control de aviones que sólo han de ser supervisados por un técnico. Dicen que es un 70 % más barato que el control convencional (el de los controladores).

AFTERWORK. VER "VOCABLOS DE GOURMETS".

AGENCIAS DE PROXY. V. AGENTES DE INFORMACIÓN GLOBAL.

AGENCIAS DE RATING. Califican la deuda de cualquier emisor, sea una empresa, un Estado o una Corporación, pública o privada. O sea, dicen: *"Este es muy de fiar o es menos de fiar".*

Las importantes son: Standard & Poor´s, Fitch, Moody´s y DRBS, la primera canadiense.

En la crisis algunas lo han hecho mal, calificando como buena la porquería, y posteriormente, han sido multadas con multas muy altas por su mala actuación.

AGENTE URBANIZADOR. Una empresa se presenta en el Ayuntamiento de un pueblo o ciudad con un plan para urbanizar una propiedad que no es suya. Si al político de turno le gusta la propuesta, ordena en su planeamiento esta actuación. En este momento, al propietario se le da la opción de participar en el desarrollo del *agente urbanizador*. Si le fuerzan a participar al propietario, el agente se queda con gran parte de los terrenos porque los ha *"descubierto"* él. Si el propietario no quiere participar o no puede, el agente lleva a cabo el desarrollo y al propietario se le expropia. Como consecuencia de estas operaciones, el Parlamento Europeo ha adoptado una resolución en la que declara que *"los principales problemas que surgen de la aplicación de la Ley Reguladora de la Actividad Urbanística de la Comunidad Valenciana hacen referencia al cometido del ´agente urbanizador´*.

<u>Comentario:</u> *¡¡Qué cosas pasan!!*

AGENTES DE INFORMACIÓN GLOBAL. Firmas que efectúan recomendaciones a los grandes inversores sobre su voto en las juntas de accionistas. Funcionan como puente entre una Sociedad cotizada y sus inversores. Identifican a los inversores, les informan y analizan su forma de actuar y su disposición al voto en las Juntas de Accionistas.

AGFLATION. Aumento de precio de la comida y de la bebida atribuido a una mayor demanda de productos agrícolas para la fabricación de bioetanol. **Ver BIODIESEL Y BIOETANOL.**

AGGREGATOR. Ver RSS.

AGUA VIRTUAL. Litros de agua que se gastan en otros productos y usos que no incluyen ni la bebida ni el aseo personal. Por ejemplo: el agua que se utiliza para hacer una hamburguesa o un café. Concepto desarrollado por John Anthony Allan, de la Universidad de Londres. Este señor dice que para hacer una hamburguesa se utilizan 2.400 litros de agua y para un café, 140. Detrás de esas cantidades tan exageradas estaría todo el proceso de producción y comercialización. En el caso del café, el agua que se utiliza para hacer crecer la planta del café, manufacturar el fruto, empaquetarlo y hacer que llegue al consumidor.

AHORRO CORPORACIÓN. VER ALIANCIA.

AIReF. Autoridad Independiente de Responsabilidad Fiscal, organismo creado para velar por la sostenibilidad de las finanzas públicas.

ALBA, ALTERNATIVA BOLIVARIANA PARA AMÉRICA LATINA. Asociación estratégica económica impulsada por Venezuela y cuyos socios son Nicaragua, Bolivia y Cuba.

ALC. Acuerdo para la negociación colectiva de convenios salariales.

ALCA. Área de Libre Comercio de las Américas. Hay 34 países implicados en el proyecto.

ALCOLOCK. Mecanismo que bloquea el sistema de arranque de un coche hasta que obtiene una prueba negativa de alcohol en la respiración del conductor.

ALETEO. Ver FINNING.

ALIANCIA. Proyecto fundado para gestionar la cartera de activos inmobiliarios que las entidades financieras han tenido que quedarse para cobro de impagados. Se ha puesto en marcha en septiembre 09.

En Julio 09 se lanzó un proyecto similar, **AHORRO CORPORACIÓN.**

No quieren que se les identifique con un **BANCO MALO. Ver AHORRO CORPORACIÓN Y BANCO MALO.**

Abril 17. No sé si **ALIANCIA** sigue existiendo.

AMAKUDARI. En japonés, *"descenso de los dioses a la tierra"*. Se utiliza para calificar la práctica de altos funcionarios que se retiran de la actividad pública para culminar su carrera en puestos importantes de grandes empresas.

AMPLIACIÓN BLANCA. Cuando uno tiene acciones de una empresa que hace una ampliación de Capital y no tiene dinero para acudir a la ampliación, puede vender los derechos y destinar el importe de la venta a comprar acciones.

AMPLIACIÓN EXPRÉS. Ampliación de Capital de la que se ha excluido el derecho preferente de suscripción para los actuales accionistas, con el fin de realizar una colocación rápida de títulos entre los inversores institucionales.

ÁNGEL CAÍDO. Compañía cuyo rating cae por debajo del BBB.

ANIMAL SPIRITS. Me parece que quiere decir *"personas con deseos* de *invertir"* y que el nombre se le ocurrió a Keynes.

APAGÓN ANALÓGICO. 2010. Al implantarse la Televisión Digital (TDT) desaparece la Analógica.

APALANCAMIENTO. Deuda sobre recursos propios.

APATÍA RACIONAL. Actitud de los pequeños accionistas que no se preocupan más que de cobrar dividendos.

APM, MEDIDAS ALTERNATIVAS DE RENDIMIENTO. Indicadores no incluidos en las normas de información financiera con las que se elaboran los datos oficiales. Por ejemplo, el ebitda, el endeudamiento financiero neto, etc., datos que son ciertos, pero que no ayudan a la transparencia de las cuentas de las empresas.

Mayo 2017. La **CNMV** está preocupada por la utilización de estos indicadores.

APOROFOBIA. Odio al pobre.

APPCC. Análisis de peligros y puntos de control crítico en higiene alimentaria.

APPORTIONMENT. Método de reparto de escaños en el Congreso.

APUESTA ALCISTA. Se hace suscribiendo un *"contrato de productos derivados"* sobre las acciones de una Compañía. Los acuerdos te dan derecho o te obligan, según el caso, a comprar acciones de esa Compañía a un precio determinado.

APUESTAS A LA BAJA. Ver SHORT SELLING.

AQAP. al-QAEDA IN THE ARABIAN PENINSULA.

ARANCELES CARRUSEL. Poner y cambiar periódicamente la lista de bienes afectados por los aranceles para repartir el impacto y crear incertidumbre en los exportadores.

AREB, AGENCIA DE REESTRUCTURACIÓN DE ENTIDADES BANCARIAS ANDORRANAS.

ÁREA DE SCHENGEN. Ver SCHENGEN.

AROMARKETING. Jugar con los olores para hacer más agradable la experiencia de compra.

AROPE. Ver POBREZA.

ARPU. En las Compañías telefónicas, Ingresos por abonado.

ARRENDAMIENTO OPERATIVO. En aviones, alquiler con opción a compra.

ARTIVISMO SOCIAL. Consiste en escribir cartas de ánimo anónimas y dejarlas en un rincón de la ciudad. Por ejemplo, en un cajero automático, una nota que *dice* "Eres un regalo", o bien otra: "Te agradecemos que no cambies, que seas quien eres".

Comentario: no me he encontrado con ninguna carta, pero me animaría el día.

ASA, ASESORAMIENTO DEPENDIENTE (O NO INDEPENDIENTE). El que han practicado los bancos, utilizando sus redes de oficinas para colocar sus productos.

ASAP. Cursilada utilizada para decir que algo estará *"as soon as possible"*, lo antes que se pueda. Equivale, más o menos, al *"estamos en ello"*.

ASESORAMIENTO INDEPENDIENTE. El que están preparándose para realizar los bancos, utilizando sus redes de oficinas para recomendar los productos que mejor les vayan a los clientes, no solo los del banco. Esto se hace siguiendo **Mifid II,** una directiva europea que entró en vigor el 3.1.18.

ASOCIACIONES DE ACCIONISTAS. Agrupan a los accionistas minoritarios de Sociedades cotizadas con el fin de defender sus intereses y facilitar sus relaciones con los administradores. Acumulan el poder disperso de los accionistas minoritarios, constituyendo un nuevo sujeto del mercado.

ASPAC, ASOCIACIÓN PROFESIONAL DE ADMINISTRADORES CONCURSALES.

ASPECTISMO. Se practica en las entrevistas para obtener un puesto de trabajo. Parece que, con frecuencia, se rechaza, sin decirlo, a los que no casan con los cánones de más o menos belleza que ahora se llevan: gordos/as, calvos/as, bajitos/as, etc.

ASSESMENT CENTER. Simulación de situaciones de trabajo para evaluar las competencias y capacidades de los participantes. La evaluación se suele hacer por observadores externos.

ASSET ALLOCATION. Análisis de inversiones y perspectivas de rentabilidad.

ASSET QUALITY REVIEW. Revisión de la calidad de los activos.

ATA. Asociación Nacional de Autónomos.

ATC. Almacén temporal de residuos nucleares.

ATERRIZAJE VERDE. Consiste en un descenso continuo del avión, y no en escalones, como es el aterrizaje normal. Dicen que así se reducen en un 25 % las emisiones de CO_2 por cada aterrizaje y que, además, se ahorra un 25 % de combustible.

ATM. Cajero automático.

AUTOMATRICULACIÓN. Matriculación de coches que hacen algunos concesionarios para cubrir objetivos de ventas.

AUTOPSIA PSICOLÓGICA. Análisis retrospectivo de la personalidad de un individuo y de sus condiciones de vida, intentando comprender las circunstancias de su muerte a través de entrevistas con sus familiares, allegados, y (en el caso de haber recibido tratamiento psicológico) su terapeuta.

AUTORIDAD BANCARIA EUROPEA. Ver EBA.

AVANÇSA. Nuevo nombre de la antigua **EPLICSA**, Sociedad creada en 1985 por el Govern catalán para salvar empresas en crisis. Se le llamaba *"la SEPI catalana"*. Ahora se le cambia el nombre y la orientación. Quieren que pase de ser *"la UVI de las empresas con problemas"* a apoyar proyectos estratégicos que no encuentren financiación en el sector privado.

<u>Julio 2020</u>. No sé si existe todavía.

AVATAR. Ver SECOND LIFE.

1. BABY
2. BACK OFFICE
3. BAIL-IN
4. BAIL-OUT
5. BALANZA FISCAL
6. BALANZA POR CUENTA CORRIENTE
7. BALCONING
8. BANCA COMERCIAL
9. BANCA DE INVERSIÓN
10. BANCA EN LA SOMBRA
11. BANCA ISLÁMICA O BANCA HALAL
12. BANCA PRIVADA
13. BANCO CENTRAL EUROPEO, BCE
14. BANCO CUSTODIO
15. BANCO DE AGUA.
16. BANCO EUROPEO DE INVERSIONES
17. BANCO GUARDIÁN
18. BANCO NEGRO O BANCO MALO
19. BANCO ZOMBI
20. BANKSTER.
21. BARCELONA PROCESS
22. BAR GOOGLE
23. BAR TWITTER
24. BARRIDO DE CUENTA O CASH POOLING
25. BASE IMPONIBLE
26. BASILEA II
27. BASILEA III
28. BBB
29. BCIN
30. BDB
31. BEAUTY PARADE
32. BEPI
33. BEHAVIOURAL ADVERTISING
34. BENCHMARKING
35. BENEFICIO ATÍPICO
36. BENEFICIO RECURRENTE
37. BENEVOLENT MANUFACTURING STATE
38. BERRY AMENDMENT.

39. BEST FRIEND
40. BEST SELLERS
41. BETA
42. BIASED EVIDENCE
43. BIBLIOTERAPEUTA
44. BIC
45. BIG OIL
46. BILATERALIDAD
47. BINGE DRINKING
48. BINGE WATCHING
49. BIOCARBURANTES
50. BIODIESEL
51. BIOETANOL
52. BIOÉTICA
53. BIOLOGICS
54. BIOMETRÍA
55. BIOPIC
56. BISTRONOMIE
57. BITCOIN
58. BLACK CARBON
59. BLACKFACE
60. BLACK FRIDAY
61. BLACK SWAN
62. BLENDED LEARNING
63. BLIGHT BLUSTERS
64. BLINK
65. BLOCKCHAIN
66. BLOG
67. BLUE BANANA
68. BLUE DOGS
69. BLUE MONDAY
70. BOILER ROOM
71. BOLIBURGUESES
72. BOLKESTEIN
73. BOLSA DE DIÓXIDO DE CARBONO
74. BOMBAS DE RACIMO
75. BONO DE MÁXIMOS
76. BONO DIFERIDO
77. BONO POR DESEMPEÑO

78. BONO SOCIAL
79. BONOS HIGH YIELD
80. BONOS ISLÁMICOS
81. BONOS SAMURAI
82. BONOS SENIOR
83. BOOK BUILDING
84. BOOKRUNNER
85. BOREOUT
86. BOTE DE SUS SEÑORÍAS
87. BOTNET
88. BOYCOTT
89. BPA
90. BPI
91. BPO
92. BREAK EVEN
93. BRECHA DIGITAL GEOGRÁFICA
94. BRENT
95. BRETON WOODS
96. BREXIT
97. BRIC
98. BRICA
99. BRIGADA ARANZADI
100. BRUNCH
101. B2C.
102. BUILD UP
103. BUILDING SOCIETY
104. BULLET
105. BUND
106. BUNDESRAR
107. BUNDESTAG
108. BUNDLING
109. BURDEN SHARING
110. BURNOUT
111. BUSINESS ANGELS
112. BUSINESS PLAN
113. BUZZ MARKETING

BABY. Aerolínea de bajo coste, nacida al calor de un gran grupo aéreo. Por ejemplo, Iberia Express.

BACK OFFICE. Área administrativa de un Banco (los que están detrás del que te atiende.)

BAIL-IN. Asunción de pérdidas por los accionistas y acreedores de una empresa. <u>Junio 2017.</u> Lo que han hecho con los accionistas del Banco Popular.

BAIL-OUT. Asunción de pérdidas por los contribuyentes. <u>Junio 2017</u>. Lo que han hecho en Italia con el Banco Popolare di Vicenza y Veneto Banca, rescatando estos dos bancos por 17.000 millones de euros.

BALANZA FISCAL. V. SISTEMA DE SOLIDARIDAD INTERTERRITORIAL. Importe de los fondos aportados menos los fondos recibidos del Estado español por cada Comunidad Autónoma. Hay dos métodos para calcular las Balanzas fiscales:
Contrapone cargas y beneficios, con independencia del lugar de recaudación.
Lo mismo, pero sólo en función del lugar de recaudación.
<u>16.7.08.</u> Pues no hay dos métodos. Hay 6, pero no los entiendo muy bien. El Secretario de Estado de Hacienda, Carlos Ocaña, ha presentado los 6 métodos, y ha dicho: *"Optar por un método no nos parecía posible". "Dar más de 6 produciría confusión".*

<u>Comentario:</u> *No sé si esto sirve para algo o para liar las cosas o para distraernos de lo fundamental.*

Consultar mi libro "La economía en 365 preguntas", *donde toco este tema, copiando lo escrito por Francesc de Carreras, que lo aclara bastante.*

BALANZA POR CUENTA CORRIENTE. Según Miguel Sebastián, en su libro *"La falsa bonanza",* Octubre 2015, incluye:

La **BALANZA COMERCIAL** (exportaciones menos importaciones)
La **BALANZA DE SERVICIOS** (ingresos menos pagos por turismo)
La **BALANZA DE RENTAS** (ingresos menos gastos por inversiones)
La **BALANZA DE TRANSFERENCIAS** (recibidas menos enviadas, por ejemplo, a la UE).

BALCONING. Saltar de un balcón a otro.

BANCA COMERCIAL. La que guarda los depósitos de los clientes y les presta dinero.

Comentario: lo que hacía la Caja de Ahorros de San Quirico antes de que sus máximos ejecutivos se dedicaran a sus veleidades financieras.

BANCA DE INVERSIÓN. La que compra y vende acciones y otros productos y asesora a sus clientes en inversiones y alianzas con otras empresas.

Comentario: Lo que ha hecho la Caja de Ahorros de San Quirico después de que sus máximos ejecutivos se hayan dedicado a sus veleidades financieras.

BANCA EN LA SOMBRA, SHADOW BANKING. Actividades susceptibles de sustituir a los bancos en alguna de sus funciones (fundamentalmente, la concesión de crédito), pero no sometidas a la regulación bancaria. No cumplen los coeficientes de liquidez y capital y son absolutamente digitales. Apenas tienen morosidad, pero Mario Draghi dice que representan *"un gran peligro"*.

BANCA ISLÁMICA O BANCA HALAL. Bancos que cumplen con los preceptos del Corán. Por ejemplo, no pagan intereses por los depósitos. **V. BONOS ISLÁMICOS.**

BANCA PRIVADA. Administración de grandes patrimonios.

BANCO CENTRAL EUROPEO, BCE. Su función principal consiste en mantener el poder adquisitivo de la moneda única europea y, de este modo, la estabilidad de precios en la zona euro. En otras palabras, su mandato es controlar la inflación.

Su Capital es de 5.8 miles de millones de euros, suscrito en diferentes proporciones por los Bancos Centrales de:
Alemania
Austria
Bélgica
Chipre
Eslovenia (no sé si es Eslovenia o Eslovaquia)
España
Finlandia
Francia
Grecia
Holanda
Irlanda
Italia
Luxemburgo
Malta

Portugal

Julio 2020. Su actual presidenta es Christine Lagarde

BANCO CUSTODIO. Ver BANCO GUARDIÁN.

BANCO DE AGUA. Reasignación de derechos del agua, sobre todo en épocas de sequía, garantizando precios diferentes según tipos de usuario. En la práctica, supondrá que el agua sobrante se redistribuya a finalidades más urgentes, como el consumo humano o la agricultura.

BANCO EUROPEO DE INVERSIONES, BEI.

Objetivos:
Impulsar el crecimiento y el empleo en Europa.
Apoyar las medidas para mitigar el cambio climático.
Fomentar las políticas de la UE en otros países.

Puede financiar proyectos de infraestructuras mediante préstamos directos a los Estados. No puede financiar directamente a las pymes. Lo tiene que hacer a través de créditos a los bancos privados. Mayo 2012. Es 3 veces mayor que el Banco Mundial.

Enero de 2024. Su presidenta es Nadia Calviño

BANCO GUARDIÁN (BANCO CUSTODIO.) Su función es la de mantenimiento de un depósito de títulos para su conservación, así como para ejercer los derechos políticos y económicos propios de los títulos depositados, como pueden ser el cobro de dividendos o acudir a las ampliaciones de capital en nombre de sus clientes. Chase Nominees, que custodia, entre otros paquetes, el 9.9 % de Telefónica, fue la principal entidad de ese tipo en la Bolsa española, pero con la aparición de State Street quedó claramente en segundo lugar. Las participaciones que guardan no son de su propiedad y sólo actúan como mantenedores de los títulos, que pueden proceder de grandes clientes como Fondos de Inversión, o de particulares. El SCH actúa como subcustodio del State Street en España.

BANCO NEGRO O BANCO MALO. Banco al que se le traspasan los activos tóxicos de otros Bancos. El Banco malo paga por esos activos una determinada cantidad, con rebajas fuertes, y los vende, intentando ganar dinero en la operación. En España, es la SAREB.

BANCO ZOMBI. Banco que no da beneficio: se aguanta en pie, como puede.

BANKSTER. Banquero que no se porta como Dios manda.

BARCELONA PROCESS. Se pretendía unir las dos orillas del Mediterráneo (Norte y Sur) mediante comercio, con la idea de que la mejor manera de evitar la inmigración ilegal es que haya modos de ganarse la vida en los países africanos. Según la revista Time, de 14.7.08, ha sido una engañifa *(dud)* de Bruselas.

BAR GOOGLE. Ver DDoS.

BAR TWITTER. Ver DDoS.

BARRIDO DE CUENTA O CASH POOLING. Sistema que permite transferir los saldos o movimientos de cuentas pertenecientes a empresas vinculadas a un Grupo empresarial, a una cuenta única, centralizadora de tesorería.

BASE IMPONIBLE. Cifra sobre la que se paga un impuesto. Se obtiene restando de los ingresos percibidos las deducciones y exenciones previstas en la normativa fiscal.

BASILEA II. Requisitos de Capital de entidades financieras, que se han puesto en marcha con el llamado Acuerdo de Basilea II. Sustituye al Basilea I, firmado en 1988.

BASILEA III. Endurecimiento de las condiciones de Capital básico y de liquidez para las entidades financieras. Exige:

Un *core capital* del 4.5 %. Ver **CORE CAPITAL**
Además, un colchón de Capital del 2.5 %
Además, un **EMBALSE CONTRACÍCLICO**, 2.5 %. (Se exigirá cuando haya riesgo de burbuja crediticia. O sea, cuando a la entidad financiera se le haya ido la olla y se haya puesto a dar créditos a lo loco.)

BBB. BUILD-BACK BETTER. 2020. A concept that has been around for 5 years (since 2015) and refers to making the most of a disaster by investing in infrastructure, restoring income generation potential and improving economic prospects.
Howewer, the concept, brought to life by the World Bank in the context of COVID-19, takes on a broader meaning that includes improving the long-term resilience of the global economy and its ability to withstand future global systemic economic disasters.

Comentario. No sé si la **NUEVA NORMALIDAD** *tiene alguna relación con* **BBB.**

BCIN. Bien cultural de interés nacional.

BDB. Patronal bancaria alemana.

BEAUTY PARADE. Término que se usa en el argot de la Abogacía para explicar los procedimientos que utilizan algunos clientes para seleccionar despachos.

BEPI. Beneficio de exoneración del pasivo insatisfecho, un perdón judicial para las deudas pendientes que permite al deudor empezar de nuevo.

BEHAVIOURAL ADVERTISING. Publicidad personalizada. Cuando alguien sabe lo que me gusta, me envía publicidad en función de lo que me gusta.

BENCHMARKING. Consiste en medir y comparar la forma de actuar de una empresa con las empresas líderes, de forma que se produzca una transferencia interempresarial de conocimientos. *(Es decir, copiemos lo bueno.)*

En la ley Antitrust de la Unión Europea se define como *"the comparison of different competitors to each other if in that way conclusions and other competitive parameters are made possible".*

Comentario. Lo de "copiar", en inglés suena mucho mejor.

BENEFICIO ATÍPICO. Ver **BENEFICIO RECURRENTE.**

BENEFICIO RECURRENTE. El normal, que se produce año tras año por la marcha del negocio. Cuando en un año se vende un edificio u otro bien ajeno al negocio y se produce un beneficio, ése es un **BENEFICIO ATÍPICO**.

BENEVOLENT MANUFACTURING STATE. Sistema pensado por Henry Ford (ver **FORDISMO**), que contemplaba una sociedad en la que hubiera pleno empleo y beneficios sociales desde la cuna hasta la tumba (ambas incluidas) para los obreros y ejecutivos de la industria del automóvil, sus familias y las comunidades donde residían.

BERRY AMENDMENT. Enmienda de la Constitución estadounidense en la que se recomienda al Departamento de Defensa dar preferencia al material militar fabricado en USA para proteger la industria nacional en momentos de guerra o crisis.

BEST FRIEND. V. DESPACHO AMIGO.

BEST SELLERS. Artículos que se venden bien. (Ver **SLOW MOVERS**.)

BETA. Concepto creado por William Sharpe, que mide la relación entre los movimientos del mercado y los de un valor concreto.

Con una Beta de 1.5, cuando el Ibex suba un 2 %, este valor subiría 2 x 1.5 = 3.
Con una Beta de 1, el valor se mueve igual que el Ibex.
Con una Beta de 0.5, el valor se mueve con menos fuerza que el Ibex.
Con una Beta negativa, el valor se mueve en dirección contraria al Ibex.

BIASED EVIDENCE (EVIDENCIA SESGADA). Se basa en dar pocos datos y parciales, sólo aquellos que te son favorables y que cuentan parte de la verdad, pero no toda la verdad. (Eduardo Martínez Abascal, en *Expansión*, 20.11.10)

BIBLIOTERAPEUTA. El que recomienda libros a las personas con problemas.

BIC. Bien de interés cultural. Establece una protección especial para un bien mueble (por ejemplo, los toros) o inmueble.

BIG OIL. Las grandes petroleras.

BILATERALIDAD. Ver **FINANCIACIÓN AUTONÓMICA.**

BINGE DRINKING. Borrachera exprés.

BINGE WATCHING. Práctica de ver entre dos y seis capítulos de una misma serie de una tacada.

BIOCARBURANTES. Utilizan materias primas vegetales o animales en lugar de fósiles. Los principales son el bioetanol y el biodiesel.

BIODIESEL. Se obtiene a partir de plantas ricas en aceite, como el girasol, la colza, la soja, la jatropha o el aceite de palma. También puede generarse a partir de aceites de frituras. En su proceso de fabricación, se obtiene glicerina como subproducto.

BIOETANOL. Se obtiene a partir de plantas ricas en azúcares, como la remolacha o la caña de azúcar, y a partir de cereales como el trigo, la cebada y el maíz. Se utiliza como sustituto de la gasolina (en motores especiales) o mezclado con ella (en motores convencionales de gasolina.)

BIOÉTICA. Parcela de la Teología Moral que trata de interpretar, desde la óptica moral, una serie de situaciones nuevas nacidas de los avances de la Medicina, la Genética y la Biología.

BIOLOGICS. Medicinas derivadas de materia viva.

BIOMETRÍA. Determina las vibraciones de la voz de una persona. *"Independientemente del tono o de la ronquera, la garganta sigue siendo la misma"*. (Emilio Martínez, Consejero Delegado de Agnitio, en *Expansión*, Agosto 2010.)

BIOPIC. En argot, las películas biográficas.

BISTRONOMIE. (BISTROT + GASTRONOMIE) Bistrots franceses con menús de precio asequible firmados por chefs reconocidos.

BITCOIN. Moneda virtual. Con ella se pueden hacer pagos y transferencias, como si fuera un dólar o un euro.

Ver mi libro *"El bitcoin y otros misterios del mundo actual"*

BLACK CARBON, CARBONO NEGRO. Hollín procedente de la combustión de diesel y de la quema de madera.

BLACKFACE. Enmascaramiento de actores blancos para que parezcan negros.

BLACK FRIDAY. En Estados Unidos, el viernes después del Día de Acción de Gracias. Se llama así porque suele ser el día record de ventas en los comercios, y, como consecuencia, los comerciantes empiezan a salir de números rojos y entran en números negros. (Entre noviembre y diciembre, el comercio minorista de EEUU realiza el 50 % de sus ventas anuales.)

2016. Se ha puesto de moda en España. Los comerciantes se quejan de que "canibaliza" las ventas de Navidad.

BLACK SWAN (CISNE NEGRO). Según *Nassim Taleb* en su libro del mismo título de 2007, la catástrofe menos esperada, que es la que causa más daño.

2019. El coronavirus.

BLENDED LEARNING. Combinación de formación presencial y online.

BLIGHT BLUSTERS. Activistas que se dedican a demoler viviendas vacías y dañadas para crear jardines y huertos públicos.

BLINK (parpadeo.) Segundos en los que el inconsciente ayuda a tomar una decisión. (Según *"Inteligencia intuitiva"*, de Malcolm Gladwell.)

BLOCKCHAIN. Ver mi libro *"El bitcoin y otros misterios del mundo actual"*

BLOG. Diario online. Se calcula que cada segundo surge uno nuevo en el mundo.

BLUE BANANA. Macrorregión formada por las comarcas europeas más pobladas y con mayor nivel de desarrollo: el norte de Italia, la cuenca del Rhin, el valle del Ródano, el área de París, el Benelux y el sur de Inglaterra. *(Según Enric Juliana, en La Vanguardia de 13.3.11.)*

BLUE DOGS. En USA, Demócratas reacios a medidas que aumenten el déficit.

BLUE MONDAY. Sensación de pereza que te da volver a trabajar el lunes, después de un finde relajado.

BOILER ROOM. Timador que actúa como supuesto broker y ofrece grandes rentabilidades, mediante la venta de acciones ficticias.

BOLIBURGUESES. Revolucionarios venezolanos enriquecidos.

BOLKESTEIN. Directiva europea de liberalización de servicios.

BOLSA DE DIÓXIDO DE CARBONO. V. PROTOCOLO DE KIOTO.

BOMBAS DE RACIMO. Formadas por una *bomba contenedor* que, al abrirse, expulsa muchas *"sub-bombas"* que se dispersan.

BONO DE MÁXIMOS. Ver RETRIBUCIÓN VARIABLE.

BONO DIFERIDO. Ver RETRIBUCIÓN VARIABLE.

BONO POR DESEMPEÑO. Ver RETRIBUCIÓN VARIABLE.

BONO SOCIAL. <u>Abril 09</u>. Plan del Gobierno para que las eléctricas no cobren por determinados consumos de luz a los grupos más desfavorecidos económicamente. Es la contrapartida que el Estado exige a las eléctricas para avalarles cuando vayan a pedir dinero para cubrir el déficit de tarifa. **Ver mi documento** *"La factura iluminada"*

BONOS HIGH YIELD. Bonos emitidos por empresas de menor solvencia y que ofrecen dividendos más altos para facilitar su colocación entre los inversores.

BONOS ISLÁMICOS. Bonos que cumplen con las leyes islámicas, que prohíben el interés o la especulación.

BONOS SAMURAI. Títulos de renta fija emitidos en yenes por una institución no residente en Japón.

BONOS SENIOR. No cuentan con la garantía de un paquete de préstamos y, como consecuencia, tienen un riesgo más elevado.

BOOK BUILDING. Ver INITIAL PUBLIC OFFERING.

BOOKRUNNER. Coordinador global de una salida a Bolsa.

BOREOUT. Empleado agobiado porque no tiene nada que hacer. **Ver BURNOUT.**

BOTE DE SUS SEÑORÍAS. Partida de gasto, incluida en los Presupuestos Generales del Estado, recogida en la sección para los gastos de diversos Ministerios, como fondo de contingencia para atender necesidades que puedan presentarse en los diferentes Departamentos del Gobierno.

En la práctica, se utiliza como colchón en las negociaciones y otros imprevistos. Es decir: *"necesito tus votos para tal proyecto de Ley y te doy tantos euros para que hagas una carretera en tu pueblo."*

<u>Enero 08.</u> Para que los nacionalistas catalanes, vascos y gallegos hayan votado favorablemente a los Presupuestos de 2008, Zapatero ha tenido que pagar 400 millones de euros, que era todo lo que había en el *"bote"*. En dichos presupuestos, habrá otra cuenta para el nuevo bote, pero del antiguo, ya no queda nada.

<u>2018.</u> Supongo que Sánchez ha utilizado el bote para la moción de censura contra Rajoy, para la investidura, y para lo que venga después.

BOTNET. Red de robots. Grupo de ordenadores que, tras ser infectados por una persona o grupo determinado, quedan bajo su control, pudiendo ser utilizados con fines fraudulentos. Los ordenadores infectados se llaman **ZOMBIES**

BOYCOTT. Definido en la Ley Antitrust de la Unión Europea como *"agreements with competitors not to do business with certain suppliers or customers"*.

BPA. Beneficio por acción.

BPI, BANCO DE PAGOS INTERNACIONALES. El Banco Central de los Bancos Centrales. Se creó después de la primera Guerra Mundial para gestionar el pago de las reparaciones por parte de Alemania.

BPO, BUSINESS PROCESS BRANCHOUT. Aplicación de Facebook que convierte las amistades virtuales en oportunidades de empleo.

BREAK EVEN. Si a las ventas se les resta lo que han costado, esa diferencia es el **MARGEN BRUTO**, que tiene que ser suficiente, como mínimo, para pagar todos los gastos. Cuando lo es, se dice que se ha llegado al **BREAK EVEN**, o al **PUNTO MUERTO**, o, para que nos entendamos, que hemos **EMPATADO**. El **MARGEN BRUTO** debe ser suficiente para cubrir los gastos, los intereses, las amortizaciones y los impuestos. Si el **MARGEN BRUTO** es inferior a los gastos, vamos mal.

BRECHA DIGITAL GEOGRÁFICA. Lo que pasa cuando en una zona hay cobertura de Internet y en otra, no.

BRENT. Precio de petróleo del barril Brent, referencia de los precios de petróleo.

BRETON WOODS. Conferencia económica celebrada en Julio de 1944 en Breton Woods, Inglaterra, en la que participaron representantes de los principales países industrializados, con el objetivo de estudiar y prever los problemas financieros que se iban a presentar al acabar la guerra (acabó en 1945.) Se decidió:

Crear el **FONDO MONETARIO INTERNACIONAL (FMI)**, para facilitar los intercambios financieros y económicos de los Estados firmantes e impedir las variaciones excesivas del mercado de divisas.

Crear el **BANCO DE RECONSTRUCCIÓN Y DESARROLLO**, .para favorecer las inversiones, sobre todo en los países económicamente poco desarrollados.

BREXIT. Salida de gran Bretaña de la Unión Europea.

- **BREXITER**. El británico que quiere irse de la UE.

- **REMAINER**. El que se quiere quedar.

- **FLEXTENSION.** Extensión flexible que planeaba Donald Tusk, presidente del Consejo Europeo. Una prórroga de un año, pero con la particularidad de que no es indispensable apurarla hasta el final. *"Cuando estén listos para salir, podrán salir".*

- **FOBO**. Según Carles Casajuana en La Vanguardia de 1.4.19, designa dos temores distintos:
- *Fear of being offline.* Quedarse desconectado sin acceso a Internet.
- *Fear of better options.* No saber elegir con acierto y dejar escapar una oportunidad mejor.

- **NO DEAL.** Salida desordenada de la Unión Europea por parte del Reino Unido.

- **SALVAGUARDA IRLANDESA.** Medidas para impedir una frontera dura en el Ulster. (Recordar que Irlanda del Norte -el Ulster- es Reino Unido, e Irlanda del Sur, Unión Europea). Llamada **BACKSTOP.**

BRIC. Grupo de países emergentes: Brasil, Rusia, India, China. **Ver PIGS**, **PIIGS**, **CIVETS.**

BRICA. Ranking de Standard & Poor´s que da su visión sobre las fortalezas y debilidades del sector financiero de un país comparado con sus homólogos de otros países. La escala va de 1, el más fuerte, a 10, el más débil.

BRIGADA ARANZADI. Según Enric Juliana en la Vanguardia de 2.9.15, *"dícese de la conjunción de altos funcionarios del Estado, magistrados y juristas, que constituyen hoy el principal poder fáctico español, una vez que el Ejército ha dejado de ejercer esa función"*.

BRUNCH. Ver "VOCABLOS DE GOURMETS".

B2C, BUSINESS-TO-CONSUMER. Del negocio al consumidor final.

BUILD UP. Fusión de Compañías del mismo sector con la participación de capital externo.

BUILDING SOCIETY. Sociedad británica de crédito hipotecario.

BULLET. Ver PRÉSTAMO CON AMORTIZACIÓN BULLET.

BUND. Bono alemán.

BUNDESRAT. Cámara alta alemana (Como el Senado).

BUNDESTAG. Cámara baja alemana (Como el Congreso de los Diputados)

BUNDLING. Dinero que los *lobbies* recogen para los políticos.

BURDEN SHARING. En el caso de un banco en apuros, reparto de las pérdidas entre acreedores, depositantes, accionistas, etc.

BURNOUT. Empleado agobiado porque tiene demasiado trabajo. **Ver BOREOUT.**

BUSINESS ANGELS. Inversores que ayudan a emprendedores en el comienzo de sus actividades.

BUSINESS PLAN. Plan de Empresa. Documento que refleja el proyecto empresarial que se pretende poner en marcha.

BUZZ MARKETING. Marketing boca a oído.

1. CAA
2. CABALLERO BLANCO
3. CAFETERIA COMPENSATION PLAN.
4. CALAMIDAD FINANCIERA
5. CALL
6. CÁMARA DE COMPENSACIÓN
7. CAMPEÓN OCULTO
8. CAMPANU
9. CANON DIGITAL
10. CAP
11. CAPITAL BÁSICO
12. CAPITAL FULLY LOADED
13. CAPITAL RIESGO
14. CAPITAL SEMILLA
15. CAPITALES GOLONDRINOS
16. CAPITALISMO MENDIGO
17. CARBON CREDIT
18. CARRIL BUS-VAO
19. CARRY TRADE
20. CARTEL
21. CASHBACK
22. CASH-BASIS
23. CASH-BURN
24. CASH POOLING O BARRIDO DE CUENTA
25. CASHU, TARJETA
26. CASTLE DOCTRINE
27. CATEGORY KILLER
28. CAVEAT
29. CBPP3
30. CCO
31. CDA
32. CDS
33. CÉDULAS MULTICEDENTES O MULTICONTRIBUIDAS
34. CEHAT
35. CER
36. CER RECICLADOS
37. CÉNTIMO SANITARIO
38. CÉNTIMO VERDE

39. CENTROS OFFSHORE
40. CEO
41. CEPYME
42. CERTIFICACIÓN MEDIOAMBIENTAL
43. CET 1
44. CETA
45. CFD
46. CFO
47. CHEQUE ACTIVO
48. CHEQUE BEBÉ
49. CHEQUE TRANSPORTE
50. CHEQUE VIVIENDA
51. CHICHARROS
52. CHILL OUT
53. CIADI
54. CIBERCONDRIACO
55. CIELOS ABIERTOS
56. 5 AL DÍA
57. CITTÀ SLOW
58. CIUDADES ECONÓMICAS
59. CKO
60. CLASE CREATIVA
61. CLASS ACTION
62. CLÁUSULA GENERAL DE ESCAPE
63. CLÁUSULA TÚNEL
64. CLAWBACK
65. CLEAN SHEET
66. CLI
67. CLIFF HANGER
68. CLO
69. CLOUD COMPUTING.
70. CLUB DEAL
71. CLUSTER
72. CMA
73. CMHC
74. CMMI
75. CMT
76. CNMC
77. CNMV

78. COAUDITORÍA
79. COBERTURA (RATIO DE)
80. COCINA FUSIÓN
81. COCOONING
82. COCOS
83. CÓDIGO WALKER
84. COHETES Y PLUMAS
85. COLCHÓN DE CAPITAL
86. COLLATERAL
87. COMBAT FATIGUE
88. COMERCIALIDAD
89. COMFIA
90. COMISIÓN DE ÉXITO
91. COMISIÓN DE SERVICIO
92. COMISIÓN VENECIA
93. COMISIONADOS
94. COMISIONES
95. COMMUNITY MANAGER
96. COMPETENCIAS IMPROPIAS
97. COMPLIANCE
98. COMPROMISOS EXTRAPRESUPUESTARIOS
99. CONCESIÓN
100. CONFIRMING
101. CONNECTING DOTS
102. CONSEJERO INDEPENDIENTE COORDINADOR
103. CONSEJO ASESOR DE CLIENTES
104. CONSIGNATARIO
105. CONSULTORÍA DOMÉSTICA
106. CONTACTLESS SHOPPING
107. CONTRASPLIT
108. CONTRATO DE DERECHO DE SUPERFICIE
109. CONTRATO DE PRODUCTOS DERIVADOS
110. CONTRATO DE RELEVO
111. COOKIES
112. COOLHUNTER
113. COOPERACIÓN REFORZADA
114. COOPTACIÓN
115. CORE BUSINESS
116. CORE CAPITAL

117. CORE INFLATION
118. COSTE DE CAPITAL
119. COUCHSURFING
120. COVENANTS
121. COVER UP
122. COVID-19
123. CPM
124. CRASH BURSÁTIL
125. CRAWLING
126. CRB
127. CREADORES DE MERCADO
128. CREATIVACIÓN
129. CRECIMIENTO ORGÁNICO.
130. CREDIT CRUNCH
131. CREDIT MUNCH
132. CRÉDITO BLANDO
133. CRÉDITO DOCUMENTARIO
134. CRÉDITO DUDOSO
135. CRÉDITO FINALISTA
136. CRÉDITO GRANUJA
137. CRÉDITO SINDICADO COMÚN
138. CRÉDITO SUBESTÁNDAR
139. CREPÚSCULO DEL PODER
140. CRIMES AGAINST HUMANITY
141. CRÍMENES DE GUERRA
142. CRISIS. TIPOS
143. CRISIS NINJA
144. CRM
145. CRONY CAPITALISM
146. CROSS SELLING
147. CROWDFUNDING
148. CROWDING OUT
149. CROWDLENDING
150. CSIF
151. CSN
152. CTC
153. C-TPAT
154. CUARTA REVOLUCIÓN INDUSTRIAL
155. CUATRO LIBERTADES DE LA UNIÓN EUROPEA

156. CUCHARABILIDAD
157. CUENTAS AGREGADAS Y CONSOLIDADAS
158. CUENTAS NOCIONALES
159. CULLING
160. CUOTA LITIS
161. CUOTAS PARTICIPATIVAS
162. CUPO VASCO
163. CURVA DE LAFFER
164. CYBER MONDAY

CAA. Ver **COSTE DE CAPITAL.**

CABALLERO BLANCO. Empresa a la que se recurre para que haga amistosamente una contra-OPA, con el fin de contrarrestar una OPA hostil.

Ejemplo reciente: Arcelor había hecho una OPA hostil sobe Dofasco, ofreciendo 56 dólares canadienses por acción. ThyssenKrupp ha hecho una contra-OPA, de acuerdo con Dofasco, ofreciendo 61,50 dólares canadienses por acción. Inmediatamente, el Consejo de Dofasco ha recomendado a sus accionistas que acepten la oferta de ThyssenKrupp.

La cosa se ha complicado: Arcelor mejoró la oferta y ThyssenKrupp se retiró de la puja. A los pocos días, Mittal, una siderúrgica india, ha hecho una OPA hostil sobre Arcelor.

Sigue complicándose. Arcelor ha buscado un caballero blanco, la Sociedad rusa Severstal, que ha hecho una OPA amistosa.

La cosa se ha resuelto. Mittal se ha quedado con Arcelor, mejorando la oferta inicial.

CAFETERIA COMPENSATION PLAN. Sistema de remuneración individualizado, confeccionado a partir de las opciones ofrecidas a los empleados y seleccionadas por ellos. **V. RETRIBUCIÓN FLEXIBLE.**

CALAMIDAD FINANCIERA. Cuando pasa algo gordo. Por ejemplo, en mayo 2017, Río de Janeiro ha prorrogado el estado de **CALAMIDAD FINANCIERA** por la deuda contraída en parte por los Juegos Olímpicos de 2016, que debieron ser un modelo de hacer las cosas mal, y en parte, por otros sucesos similares.

CALL. Ver DERIVADOS.

CÁMARA DE COMPENSACIÓN. Ver LCH CLEARNET.

CAMPEÓN OCULTO. Empresa de tamaño relevante, referente a nivel internacional, que centra su actividad en mercados desconocidos para la población en general. Enero 2016. Ejemplo: Werner Life, de la familia Rubiralta.

CAMPANU. El primer salmón que cada temporada se pesca en los ríos de Asturias

CANON DIGITAL. Gravamen que se aplicará sobre todo tipo de soportes y dispositivos -CD, DVD, MP3, pendrive, grabadoras, PDA, etc.- idóneos para la reproducción y almacenamiento de contenidos protegidos por los derechos de autor, según la nueva Ley de Propiedad Intelectual (LPI.) El canon digital pretende compensar las pérdidas económicas que sufren los autores por el hecho de que los particulares puedan realizar copias privadas de sus obras.

5.7.11. Eliminado.

CAP, COMMON AGRICULTURAL POLICY. Ayuda de la UE a los agricultores europeos. En Julio 2010, es de 1,1 trillones de dólares.

CAPITAL BÁSICO. Recursos propios de máxima calidad, compuestos por el Capital, las Reservas, el Beneficio del año (de lo que vaya de año), menos el

Dividendo pagado y menos el Fondo de Comercio pendiente de amortizar.

CAPITAL FULLY LOADED. Ver MUS.

CAPITAL RIESGO. Toma de participación en una empresa para desinvertir a medio plazo con plusvalías. Orientado a fases de expansión y consolidación.

VENTURE CAPITAL. Ampliación de capital, en la que la Sociedad de Capital Riesgo toma una participación minoritaria y, generalmente, no realiza cambios en la gestión.

PRIVATE EQUITY u OPERACIONES APALANCADAS. El Capital Riesgo compra acciones existentes y se convierte en el socio mayoritario de una empresa, ayudando a profesionalizar su gestión.

SGECR, SOCIEDAD GESTORA DE ENTIDADES DE CAPITAL RIESGO. Entidad formada por expertos, cuyo objetivo es promover y gestionar varias entidades de capital riesgo al mismo tiempo, a cambio de una comisión de gestión y una participación en las plusvalías que generan las inversiones.

CAPITAL SEMILLA. Ver SEED FINANCING.

CAPITALES GOLONDRINOS. Capitales especulativos que acuden a los países donde hay altos tipos de interés.

CAPITALISMO MENDIGO. El que depende del dinero público para poder sobrevivir.

CARBON CREDIT. Derechos a emitir gases. El que necesita más de los que tiene puede comprar al que le sobran. Este puede invertirlos en proyectos *"limpios"*, que no emitan gases.

CARRIL BUS-VAO. Ver **PLATAFORMA SEGREGADA.**

CARRY TRADE. Sistema de inversión en países con altos tipos de interés con dinero obtenido a crédito en países con bajos tipos de interés.

CARTEL. Lo que pasa cuando unas cuantas empresas se ponen de acuerdo para fijar precios. **Ver PROGRAMA DE CLEMENCIA.**

CASHBACK. Servicio que permite al titular de una tarjeta de crédito aprovechar una compra con tarjeta en un comercio para pedir dinero en efectivo al establecimiento con cargo a su tarjeta.

CASH-BASIS. Beneficio neto antes de la amortización del fondo de comercio.

CASH-BURN. V. EFECTO CASH-BURN.

CASH POOLING. V. BARRIDO DE CUENTA.

CASHU, TARJETA. Método usado para la financiación de terroristas yihadistas.

CASTLE DOCTRINE. Leyes, adoptadas en 20 Estados americanos en los últimos dos años, que se llaman así por la idea de que *"mi casa es mi castillo"*, y que, en consecuencia, permiten a los ciudadanos usar la fuerza (hasta matar) para proteger sus casas, sus coches y sus locales comerciales.

CATEGORY KILLER. Gran superficie especializada.

CAVEAT. Excepciones que, en el caso de la OTAN, complican su eficacia en Afganistán. Dos ejemplos de *caveat:*

Las tropas alemanas no pueden luchar de noche

Las tropas turcas sólo pueden disparar para defenderse

CBPP3. Ver QE.

CCO, CHIEF CULTURAL OFFICER. Responsable de Cultura Corporativa.

CDA. Ver NEXTGEN.

CDS, CREDIT DEFAULT SWAP. Seguro que protege a los inversores ante la falta de solvencia de un emisor (o sea, de uno que necesita dinero.) Cuando la gente se fía menos de un país, los CDS suben.
Si un país se declara en suspensión de pagos, los emisores de **CDS** (seguros de impago de deuda soberana) tendrán que hacer frente a sus compromisos. Estos seguros, emitidos por los grandes Bancos de inversión, son contratos **OTC (OVER THE COUNTER),** negociados entre las partes, o sea, entre el Banco que presta a ese país y el asegurador. No cotizan ni se sabe a cuánto ascienden. Por tanto, si ese país hace suspensión de pagos, los Bancos que le hayan prestado dinero saldrán perdiendo y los emisores de **CDS** estarán preocupados.

CÉDULAS MULTICEDENTES O MULTICONTRIBUIDAS. Sistema de financiación por el que las cajas se agrupaban para realizar una emisión de cédulas con garantía de préstamos hipotecarios.

Supongo que es lo de los paquetitos, pero reuniendo hipotecas de varias Cajas. En agosto 2011, Standard & Poor´s les pegó un golpe y bajó mucho el rating a bastantes de ellas.

CEHAT. Confederación de Hoteles y Alojamientos Turísticos.

CER, CRÉDITOS DE REDUCCIÓN DE EMISIONES. Créditos de carbono generados mediante actividades realizadas en países en vías de desarrollo. Sólo se pueden utilizar una vez. Pero hay países tramposos, que los revenden. A esos **CER** les llaman… **CER RECICLADOS.**

CÉNTIMO SANITARIO. Recargo fiscal sobre la gasolina para financiar el déficit sanitario de las Comunidades Autónomas. Bruselas entiende que esto es contrario a la normativa comunitaria y amenaza con llevar a España ante el Tribunal de Luxemburgo. Sólo lo tienen 6 Comunidades y representa unos ingresos de 900 M €.

Mayo 2015. Lo están devolviendo.

CÉNTIMO VERDE. Tasa adicional al consumo de carburantes cuya recaudación servirá para reducir el déficit de tarifa. **VER mi documento "La factura iluminada".**

CENTROS OFFSHORE (PARAÍSOS FISCALES). Ofrecen a individuos y empresas un refugio fiscal de tributación baja o cero, secreto bancario y regulación laxa.

CEO (CHIEF EXECUTIVE OFFICER). Máximo responsable ejecutivo.

CEPYME. Confederación empresarial de las pequeñas y medianas empresas.

CERTIFICACIÓN MEDIOAMBIENTAL. Tiene como objetivo asegurar la validez de la política ecológica de una Compañía.

CET 1. Ver MUS.

CETA. Acuerdo de libre comercio entre la Unión Europea y Canadá, bloqueado en octubre 2016 por la negativa de Polonia.

CFD. CONTRATOS POR DIFERENCIAS. Permiten que un cliente, con una pequeña aportación monetaria, apueste por la subida o bajada de un valor o de un índice. Si gana, gana mucho. En el Reino Unido, estas operaciones no pagan impuestos por plusvalías, porque tienen la misma fiscalidad que las apuestas *(que es lo que son.)*

CFO (CHIEF FINANCIAL OFFICER.) Primer ejecutivo financiero.

CHEQUE ACTIVO. Premio en metálico que el Gobierno Vasco quiere dar a los jóvenes que encuentren su primer trabajo. El importe del cheque se repartirá entre la empresa contratante y el contratado, en una proporción que el 2.4.10 estaba por determinar, aunque se quiere que sea mayor para la compañía contratante.

CHEQUE BEBÉ. Ayudas a las familias.

CHEQUE TRANSPORTE. Diciembre 2010. Las empresas podrán conceder ayudas exentas del IRPF de hasta 1.500 euros anuales a sus empleados para sus desplazamientos de trabajo.

CHEQUE-VIVIENDA. Documento por el que la Administración reconoce a su titular una subvención. Esta ayuda debe ser aceptada por los promotores inmobiliarios como parte de la entrada de la vivienda hasta el momento de su escrituración, en cuya fecha será hecho efectiva al promotor por la Hacienda Pública.

CHICHARROS. Valores con los que se especula mucho en Bolsa y que, en algunos casos, se encuentran en una situación financiera delicada.

CHILL OUT. Ambiente, música, interiorismo relajante.

CIADI, CENTRO INTERNACIONAL PARA EL ARREGLO DE DIFERENCIAS SOBRE INVERSIONES. Institución del Banco Mundial que arbitra en las disputas entre gobiernos y particulares o empresas de otros Estados que hayan invertido en los primeros.

CIBERCONDRIACO. El que busca información médica en Internet para ver qué le pasa y, cuando ve varias posibilidades, piensa que tiene lo peor.

CIELOS ABIERTOS. Pacto firmado el 30.4.07 en la cumbre UE-USA, y que permitirá que cualquier aerolínea europea pueda volar desde un aeropuerto comunitario hacia una ciudad norteamericana.

5 AL DÍA. Para bebidas refrescantes, certificación que garantiza que un vaso de 200 ml. de producto puede sustituir una ración de fruta al día.

CITTÀ SLOW. Movimiento que pretende devolver a los ciudadanos comprometidos con su entorno el control sobre sus propias vidas, que así serían más placenteras: vecinos que participan en el orden y la fiesta del barrio, y compran y venden a otros vecinos productos de la tierra sin intermediarios.

CIUDADES ECONÓMICAS. Versión saudí de los **CLUSTERS.** Ciudades temáticas, con todos los servicios hospitalarios, de educación y transportes. Arabia Saudí ha puesto en marcha 6 proyectos para crear grandes centros empresariales especializados en áreas como la energética, las tecnologías y las ciencias. **Ver CLUSTER.**

CKO, CHIEF KNOWLEDGE OFFICER. Jefe de Conocimiento. Supongo que de Gestión del Conocimiento.

CLASE CREATIVA. Cuestión de 3T: talento, tecnología y tolerancia. Las ciudades que atraen a los creativos (artistas, emprendedores, etc.) triunfan en la globalización, según Richard Florida en *"El auge de la clase creativa"* y *"El vuelo de la clase creativa"*.

CLASS ACTION, O ACCIÓN COLECTIVA O DEMANDA COLECTIVA. Demanda presentada por un grupo de accionistas o de afectados por una decisión de una empresa.

CLÁUSULA GENERAL DE ESCAPE. Ver PACTO DE ESTABILIDAD Y CRECIMIENTO. En un momento apurado (por ej., crisis Covid-19) se permite a los Estados que tengan más déficit y más deuda que los acordados en el Tratado de Maastricht.

CLÁUSULA TÚNEL. Cláusulas que aparecen en los contratos hipotecarios de algunas entidades financieras y que fijan un *suelo* y un *techo* del interés a pagar por un préstamo hipotecario. Por ejemplo, si dicen que el suelo será del 3 % y el techo, del 14 %, quiere decir que, si el Euribor baja por debajo del 3 %, no te rebajarán el recibo de la hipoteca. Si el Euribor sube por encima del 14 %, no te cobrarán más.

Comentario. 2020. A mí me parece que esto es muy simple. Con la cláusula suelo se ha organizado un lío importante últimamente. Bastantes clientes se han quejado de que no se les había explicado suficientemente claro y al bajar el euribor a negativo, querían más reducción en el recibo de la hipoteca. **Ver EURIBOR.**

CLAWBACK. Cláusula de recuperación, por la que se podrá reclamar a los directivos la devolución de la retribución variable por mala gestión.

CLEAN SHEET. En fútbol, mantener la portería a cero.

CLI. COMPOSITE LEADING INDICATORS. Indicador de la OCDE que pulsa la tendencia de la economía en los próximos 6 meses.

CLIFF HANGER (COLGADO DE UN ACANTILADO) Género cinematográfico tipo Indiana Jones.

CLO, CHIEF LEARNING OFFICER. Algo así como Responsable de Formación.

CLOUD COMPUTING. La infraestructura informática se equipara a la electricidad: se paga lo que se consume. Cualquier dispositivo con un navegador permite acceder a servicios y datos que flotan en la nube de Internet, sin necesidad de instalar software ni de almacenar archivos en un disco duro.

CLUB DEAL. Sistema de financiación en el que intervienen varios Bancos. Se diferencia del **CRÉDITO SINDICADO COMÚN** en que, en un **CLUB DEAL**, no hay ninguna entidad que lidere el préstamo. La Compañía que necesita dinero negocia la financiación con cada una de las entidades financieras que participan.

CLUSTER. Conjunto de empresas afines que, buscando apoyo y ayuda, se unen para obtener ventajas competitivas como habilidades o conocimientos específicos, pero manteniendo la estructura del sector y la estrategia y rivalidad entre ellas. *(Concepto inventado por Michael Porter, profesor de Harvard).* **Ver CIUDADES ECONÓMICAS.**

CMA. CAMBIO MATERIAL ADVERSO. Salvaguarda el derecho a desistir de la compra o venta de un negocio cuando el objeto de transacción en el momento que se negocia no es igual que cuando se va a producir el traspaso de la propiedad. *("Yo iba a comprar esto, pero resulta que ahora no vale nada; pues no lo compro").*

CMHC. Ver FANNY MAE

CMMI. CAPABILITY MATURITY MODEL INTEGRATED SW/SE. Certificación sobre la calidad en desarrollo y mantenimiento de software.

CMT, COMISIÓN DEL MERCADO DE LAS TELECOMUNICACIONES

CNMC, COMISIÓN NACIONAL DE LOS MERCADOS Y LA COMPETENCIA. Organismo regulador creado el 24.2.12 para supervisar todas las actividades que, hasta esta fecha, realizaban 8 organismos independientes: Energía, Telecomunicaciones, Postal, Juego, Aeroportuaria, Audiovisuales, Ferroviaria y Competencia.

CNMV. Comisión Nacional del Mercado de Valores. Regulador bursátil español. **(Ver SEC.)**

COAUDITORÍA. Peculiaridad del mercado francés, donde la ley exige que las Compañías sean auditadas por, al menos, dos firmas.

COBERTURA (RATIO DE) Porcentaje de provisiones sobre Activos dudosos.

COCINA FUSIÓN. Mezcla de cocinas. Por ejemplo, un bar donde galleguizan lo japonés o lo mexicano.

COCOONING. Estilo de vida, caracterizado por la tendencia a pasar el tiempo de ocio en casa rodeado de todo tipo de comodidades.

CoCos. Títulos perpetuos de deuda con la posibilidad de convertirse en capital, o sea en acciones, si no se cumplen niveles mínimos de solvencia.
Son perpetuos, pero el emisor se reserva el derecho de rescatar el bono.
El *emisor* es el que necesita el dinero.
Rescatar el bono quiere decir devolver esa deuda.

Niveles mínimos de solvencia. Quiere decir que si **CET 1 (COMMON EQUITY TIER 1)** desciende por debajo de un nivel determinado, los **CoCos** pasan de ser deuda a ser capital. O sea, yo tenía un documento diciendo que había prestado dinero a ese banco y ahora tengo un documento diciendo que el banco ya no me debe nada, porque la deuda se ha convertido en acciones. **Ver MUS**.

CÓDIGO WALKER. Código europeo de buen gobierno para las empresas de *private equity* o capital riesgo.

COHETES Y PLUMAS. Fenómeno por el que los precios de los combustibles suben con mucha velocidad cuando lo hacen los del petróleo y bajan mucho más despacio cuando el crudo se abarata.

COLCHÓN DE CAPITAL. Ver BASILEA III.

COLLATERAL. Garantía exigida por un Banco.

COMBAT FATIGUE. Ver PTSD.

COMERCIALIDAD. Cuando se halla crudo o gas y se puede extraer y comercializar.

COMFIA. Sección financiera de CCOO, Comisiones Obreras.

COMISIÓN DE ÉXITO. Condiciona el cobro de una comisión al éxito de una gestión. **Ver SUCCESS FEE.**

COMISIÓN DE SERVICIO. Ver SECONDMENT.

COMISIÓN VENECIA. Órgano asesor del Consejo de Europa sobre cuestiones institucionales. Sus decisiones, dictámenes, informes, etc. no son vinculantes.

COMISIONADOS. Personas nombradas por el Gobierno, encargadas de proteger los derechos de los usuarios de los servicios financieros, atendiendo las quejas y reclamaciones y facilitando vías de conciliación.

COMISIONES. Cantidades que cobran los Bancos u otras entidades o personas por sus servicios.

COMMUNITY MANAGER. Responsable de dar información a las empresas sobre lo que en la Red se dice de ellas, sus productos, sus campañas de marketing o sus competidores. Responsable de que esas comunidades sean aliados que ayuden a construir su imagen y su reputación.

COMPETENCIAS IMPROPIAS. Servicios que da una Administración, pero que debería dar otra.

COMPLIANCE. Código ético interno de una empresa.

COMPROMISOS EXTAPRESUPUESTARIOS. Compromisos de pago, que no computan de forma inmediata ni en el déficit ni en la deuda, pero que repercutirán en las cuentas en el futuro. Entre enero y noviembre de 2010, ascendían a 223.942 millones de euros.

CONCESIÓN. Otorgamiento del derecho de construcción y/o explotación por un período de tiempo determinado de obras o servicios por parte de una Administración Pública a una empresa privada. Se habla de colaboración público-privada, porque el titular de la infraestructura es público y el socio, privado.

CONFIRMING. Servicio bancario de pagos a los proveedores. Puede ser con gastos a cargo del ordenante *(el que paga)* o del proveedor *(el que cobra.)*

CONNECTING DOTS, PUNTOS DE RELACIÓN. Me parece que es eso de que todos estamos conectados con todos por un máximo de 6 relaciones. Es decir, que, con un poco de esfuerzo, a la sexta relación, me encuentro con Putin.

CONSEJERO INDEPENDIENTE COORDINADOR. Figura recomendada por el Código de Conthe, que desempeña el papel de guardián del Consejo de Administración, cuando coinciden en una misma persona los puestos de presidente del consejo y primer ejecutivo. Puede solicitar la convocatoria del Consejo o la inclusión de nuevos puntos en él; coordina y se hace eco de las preocupaciones de los consejeros externos; dirige la evaluación del presidente por el Consejo. Ver **LEAD INDEPENDENT DIRECTOR**.

CONSEJO ASESOR DE CLIENTES. Creado en abril 08 por Chrysler, siguiendo los pasos de Apple. Formado por voluntarios ajenos a la empresa. Pretende que los ejecutivos reciban comentarios directamente de los usuarios.

CONSIGNATARIO. La función de una empresa consignataria es gestionar en el puerto donde arribe un barco todas las actividades jurídico-administrativas que necesite el buque, sustituyendo en estas labores de servicio al capitán del barco.

CONSULTORÍA DOMÉSTICA. Servicios de consultoría que se están extendiendo por Estados Unidos y Países Bajos, que asesoran a las familias sobre el modo de organizar bien el hogar. Los consultores cobran entre 25 y 90 dólares la hora.

CONTACTLESS SHOPPING. Sistema de pago por el que basta con tocar el terminal de cobro (datáfono) con la tarjeta para efectuar la operación o sacar dinero de los cajeros automáticos.

CONTRASPLIT. Lo contrario de **SPLIT.** Agrupación de acciones. En el **SPLIT** una acción de 100 se divide en 4 de 25. En el **CONTRASPLIT**, 4 de 25 se convierten en una de 100.

CONTRATO DE DERECHO DE SUPERFICIE. Sistema por el que el grupo adjudicatario de la construcción de un equipamiento, no paga por los terrenos y, en cambio, abona un alquiler anual. Lo utiliza la Generalitat de Catalunya para equipamientos tales como centros penitenciarios, comisarías o juzgados.

CONTRATO DE PRODUCTOS DERIVADOS. V. APUESTA ALCISTA.

CONTRATO DE RELEVO. El que se realiza para sustituir la jornada dejada vacante por un trabajador que accede a la jubilación parcial.

COOKIES. Dispositivos previamente instalados en el disco duro del ordenador, diseñados para obtener información almacenada en el equipo de los usuarios. (Cayetana Vela, en *Expansión,* mayo 2011.)

COOLHUNTER. Profesional que rastrea el mundo investigando lo más emergente, lo vanguardista, Dilucida lo que será moda en las temporadas siguientes.

COOPERACIÓN REFORZADA. Procedimiento previsto en los Tratados de la Unión Europea que permite que al menos ocho Estados saquen adelante una iniciativa.

COOPTACIÓN. Sistema de nombramiento de Consejeros. La mayoría del Consejo nombra un nuevo Consejero, que luego es ratificado por la Junta de Accionistas.

CORE BUSINESS. Núcleo principal de la actividad de un negocio.

CORE CAPITAL. Recursos propios (capital y reservas) en relación a los activos, ponderados por riesgo. Es decir, si los activos tienen mucho riesgo (edificios ruinosos, deudas de países de no fiar, etc.) se exigen más recursos propios. **Ver TIER 1 y BASILEA III.**

CORE INFLATION: Ver INFLACIÓN SUBYACENTE.

COSTE DE CAPITAL. En Inglaterra, la CAA *(organismo que regula el control de los aeropuertos)* fija el llamado *"coste de Capital"* de la entidad que gestiona el aeropuerto. Cuanto más alto el coste de capital, mayores tarifas le permiten cobrar para rentabilizar sus inversiones.

Noviembre 07. La CAA ha bajado el coste de capital del 7.75 % al 6.2 %, obligando a BAA, la empresa que gestiona Heathrow, y que es propiedad de Ferrovial, a bajar sus tarifas.

COUCHSURFING. Forma de viajar que parte del interés que tiene la gente de ir por el mundo, ahorrando dinero. El viajero se pone de acuerdo con alguien de la red de *"couchsurfistas"* que le aloja gratis en su casa, le invita a comer, le enseña la ciudad, etc.

COVENANTS. Condiciones que los bancos ponen a las empresas para financiarlas. Por ejemplo, le dan un préstamo a x años siempre que la deuda total de la compañía no supere en x veces el EBITDA durante la vida del préstamo. En caso contrario, las condiciones se endurecen, o se piden garantías adicionales, o se podría cancelar el crédito.

COVER UP. Obstrucción a la Justicia.

COVID-19. 2019 coronavirus.

CPM (CORPORATE PERFORMANCE MANAGEMENT). Método para la evaluación del rendimiento empresarial. Se apoya sobre 3 pilares:
Gestión estratégica. Cómo se alinea la organización con la estrategia.
Gestión operativa. Cómo se consigue que las operaciones apoyen la estrategia.
Gestión financiera. Cómo se garantiza que la estrategia cuente con los recursos adecuados.

CRASH BURSÁTIL. Caída vertiginosa de las cotizaciones en la mayoría de los valores de una o varias Bolsas durante un corto período de tiempo.

CRAWLING. Ruta etílica, de bar en bar, por una ciudad.

CRB. Índice que mide la evolución de 17 materias primas.

CREADORES DE MERCADO (MARKET MAKERS). Empresas que aseguran el desarrollo ordenado de las órdenes de compra y venta y una fijación sin sobresaltos de las cotizaciones de las acciones. Las 7 creadoras de mercado de la Bolsa de N.Y. supervisan las transacciones de 2.800 títulos, pero también pueden actuar por cuenta propia. En el caso del **FRONT RUNNING**, el creador de mercado aprovecha su conocimiento de la orden de compra o de venta que le ha dado su cliente y de su efecto sobre el mercado para realizar antes la operación por cuenta propia. 16.12.10. El Tesoro Público español trabaja con 22 creadores de mercado. 30.3.11. Sigue teniendo 22.

CREATIVACIÓN. Es la Misión de una Fundación, presentada en el IESE el 1.7.2013, que pretende actuar en el ámbito educativo con el fin de desarrollar y difundir la Creatividad para convertirla en Innovación con el principal objetivo de *"dotar a las nuevas generaciones de las competencias necesarias para contribuir en los cambios futuros de nuestra Sociedad, así como en su propia realización personal"*.

CRECIMIENTO ORGÁNICO. V. LIKE-TO-LIKE

CREDIT CRUNCH. Restricción del crédito por parte de las entidades financieras.

CREDIT MUNCH. Lo que pasa cundo la gente come más por la recesión. *("Ya que van tan mal las cosas, compensémoslo comiendo".)*

CRÉDITO BLANDO. Financiación privilegiada para ayudar a un sector o a un país.

CRÉDITO DOCUMENTARIO. Medio de cobro utilizado en las operaciones de comercio internacional, que permite:

Que el vendedor se asegure el cobro de la mercancía contra la presentación a una entidad bancaria de la documentación necesaria.

Que el comprador se asegure de que recibirá la mercancía adquirida de acuerdo con los plazos y condiciones estipuladas.

CRÉDITO DUDOSO. VER RATIO DE MOROSIDAD.

CRÉDITO FINALISTA. El que es para algo concreto, no para lo que quieras. Junio 2020. Los créditos que dé la UE a los países que están sufriendo mucho por la pandemia son finalistas, para financiar proyectos que esos países presenten.

CRÉDITO GRANUJA. 8.2.11. Según el Consejero Delegado de Fiat y Chrysler, Sergio Marchionne, créditos con elevados intereses que el Gobierno estadounidense concedió a Chrysler para que saliera de la suspensión de pagos.

CRÉDITO SINDICADO COMÚN. V. CLUB DEAL.

CRÉDITO SUBESTÁNDAR. El que está al corriente de pagos, pero se le ven dificultades futuras.

CREPÚSCULO DEL PODER. Lipovetsky, que debe ser un filósofo, llama *"crepúsculo del poder"* a lo que pasa en una sociedad que desprecia la abnegación y el esfuerzo, estimulando los deseos inmediatos, en la que sólo vale una moral sin obligaciones.

CRIMES AGAINST HUMANITY. Widespread or systematic attack directed against any civilian population. (Artículo 7 del Estatuto de Roma del Tribunal Criminal internacional.)

CRÍMENES DE GUERRA, WAR CRIMES. Intentionally directing attacks against the civilian population. (Artículo 8 del Estatuto de Roma.)

Comentario. No veo la diferencia entre los crímenes contra la humanidad y los crímenes de guerra.

CRISIS. TIPOS:

En V: hundimiento y recuperación
En L: hundimiento, tramo largo de recuperación
En W (llamada **double dip**)**:** hundimiento, recuperación, nueva caída, nueva recuperación.

Comentario: se pueden inventar todos los tipos de crisis que queráis, a base de utilizar el alfabeto o distorsionar alguna letra. Por ejemplo, en 2020, la ministra de Economía Nadia Calviño ha dicho que la crisis quizá será en V asimétrica. Debe querer decir que es una V en la que el palo de la izquierda va normalmente por la izquierda y el de la derecha va por la derecha, pero más inclinado.

<u>CRISIS NINJA (antes llamada Crisis 2007-2008)</u>
Ver mi libro *"La Crisis Ninja y otros misterios de la economía actual"*

CRM (CUSTOMER RELATIONSHIP MANAGEMENT.) Sistema que permite un mayor acercamiento al cliente, un conocimiento más profundo del mismo y que el cliente tenga un interlocutor único.

CRONY CAPITALISM. Capitalismo de amiguetes entre Bancos y empresas. Yo te presto el dinero, tú haces grandes negocios, tú me pagas un interés más alto o me das participación en ese negocio, etc. Hasta que al final, algo no anda y se estropea el invento.

CROSS SELLING. Venta a clientes que pueden comprar nuevos productos y servicios, además de los que ya están comprando.

CROWDFUNDING. Fórmula de financiación basada en microaportaciones voluntarias. O sea, muchas personas ponen cantidades pequeñas para financiar empresas pequeñas que quieren empezar a funcionar.

CROWDING OUT, EFECTO EXPULSIÓN. Lo que sucede cuando el sector público se endeuda mucho y deja poco al sector privado.

CROWDLENDING. Financiación de un proyecto empresarial a través de un préstamo colectivo. Como **crowdfunding,** pero en préstamo, en lugar de en participación accionarial.

CSIF, CENTRAL SINDICAL INDEPENDIENTE Y DE FUNCIONARIOS.

CSN, CONSEJO DE SEGURIDAD NUCLEAR.

CTC. COSTES DE TRANSICIÓN A LA COMPETENCIA. Indemnizaciones concedidas por el

Gobierno en 1998 a las centrales generadoras de electricidad como compensación por la liberalización del mercado.

C-TPAT. Sello de seguridad en las importaciones, establecido en USA después del 11-S. Certifica la fiabilidad de las importaciones de un sector. **Ver OEA (OPERADOR ECONÓMICO AUTORIZADO).**

CUARTA REVOLUCIÓN INDUSTRIAL. Se les ocurrió a los de Davos en enero 2017. Se refiere a la sustitución de personas por robots.

CUATRO LIBERTADES DE LA UNIÓN EUROPEA. La libre circulación de bienes, capitales, servicios y personas.

CUCHARABILIDAD. Mayo 2011. Término que se le ha ocurrido a Danone para presentar un envase redondeado que permite llegar a todo el contenido del yoghourt con la cuchara, incluso al 4 % que se desecha siempre.

CUENTAS AGREGADAS Y CONSOLIDADAS. Agregadas = la suma. Consolidadas = la suma, descontando las operaciones interempresas.

Ejemplo de consolidación:

Ingresos del Grupo Salvat en 2003. (En M de €).

Salvat Editores	41,74
Grupo Editorial Bruño	22,84
Sociedades de Latinoamérica y Port.	5,8
Total agregado	*70,38*

Venta a Sociedades del Grupo: (2,8)

Total consolidado 67,58

CUENTAS NOCIONALES. Relacionado con el **SISTEMA DE PENSIONES.** Cada trabajador va acumulando en una cuenta virtual las cotizaciones de su vida laboral y, junto al rendimiento acumulado, sirve para calcular a la hora de la jubilación la renta a percibir.

CULLING. Práctica que consiste en sacrificar animales sanos en un Zoo por falta de espacio.

CUOTA LITIS. Acuerdo por el que los abogados se comprometen con sus clientes a cobrarles un porcentaje sólo en el caso de que ganen el asunto.

CUOTAS PARTICIPATIVAS. Instrumentos similares a acciones, sin derecho a voto, que cotizaban en Bolsa y que servían para que las Cajas de Ahorros pudieran obtener recursos en el mercado. No conferían derechos políticos a sus poseedores.

CUPO VASCO. Lo que el gobierno de Euskadi, que recauda todos los impuestos generados en su territorio, abona al Estado como pago por los servicios que este presta por las competencias no transferidas.

CURVA DE LAFFER. Teoría: si se bajan los impuestos, la gente tiene más incentivos para ganar más dinero, con lo que se recaudan más impuestos. (A mí me suena que esto se llama también **SUPPLY SIDE THEORY,** pero no estoy nada seguro.)

CYBER MONDAY. The busiest online-shopping day of the year. Lunes siguiente al Día de Acción de Gracias en USA.

1. D & O
2. DACIÓN EN PAGO DE DEUDA
3. DAFO
4. DARK STORE
5. DATING EXPRES
6. DCMR
7. DDOS
8. DECLARACIÓN DE BOLONIA
9. DECLICKER
10. DECONSTRUCCIÓN
11. DECOUPLING
12. DECRETO RATO
13. DECRETO 3 + 2
14. DEEP FAKE
15. DEEP WEB
16. DEFAULT
17. DÉFICIT CONCURSAL, POR CUENTA CORRIENTE, EXTERIOR O COMERCIAL
18. DÉFICIT DE TARIFA
19. DÉFICIT FISCAL
20. DÉFICIT PRIMAR
21. DEFLACTACIÓN
22. DEG
23. DELAY AND PRAY
24. DELEVERAGING
25. DELIVERY
26. DEMANDA COLECTIVA
27. DENIAL OF SERVICE.
28. DENOS
29. DEPRESIÓN
30. DERECHOS DEL FÚTBOL
31. DERIVADOS.
32. DESACOPLAMIENTO
33. DESAMORTIZACIÓN
34. DESARROLLO SOSTENIBLE
35. DESBANCARIZACIÓN
36. DESCARGA LEGAL DE PELÍCULAS Y OTROS CONTENIDOS VIDEOGRÁFICOS VÍA INTERNET
37. DESCORCHE

38. DESESTACIONALIZACIÓN
39. DESMUTUALIZACIÓN DE LAS BOLSAS
40. DESPACHO AMIGO.
41. DESTRUCCIÓN CREATIVA
42. DTA O ACTIVOS FISCALES DIFERIDOS
43. DEUDA CON RECURSO
44. DEUDA SIN RECURSO
45. DEUDA CORPORATIVA NO FINANCIERA
46. DEUDA ODIOSA
47. DEUDA SUBORDINADA
48. DEVELOPMENT CENTER
49. DEVOLUCIÓN EN CALIENTE
50. DIFERENCIAL DE CLIENTES
51. DILUCIÓN
52. DINAMIZADOR SOCIAL
53. DINERO HELICÓPTERO
54. DINERO NEGRO
55. DIRCOM
56. DIRECT LENDING
57. DISCIPLINA PRESUPUESTARIA
58. DISCURSO DEL ASCENSOR
59. DISTOPÍA
60. DISTRACCIÓN
61. DISTRESSED DEBT
62. DISTRESSED FUNDS
63. DISTRIBUTED MANUFACTURING
64. DIVIDENDO DIGITAL
65. DIVIDENDO FLEXIBLE
66. DO
67. DOBLE ESCALA SALARIAL
68. DOCTRINA BAGEHOT
69. DOCTRINA BUSH
70. DOCTRINA SINATRA
71. DODD & FRANK
72. DON'T ASK, DON'T TELL
73. DOOMSCROLLING
74. DOUBLE DIP
75. DOUBLE IMPACT INVESTMENT
76. DOWNSHIFTING

77. DOWNSTREAM
78. DRONE
79. DRUNCH
80. DSS
81. DTC
82. DUCK EASIES
83. DUDOSIDAD
84. DUE DILIGENCE
85. DUI

DACIÓN EN PAGO DE DEUDA. Figura jurídica por la que el acreedor se queda con la casa y la vende o la alquila. Si se la alquila al ex hipotecado, le hace pagar un alquiler menor que la hipoteca que tenía.

DAFO. Modelo de diagnóstico, basado en determinación de D (ebilidades), A (menazas), F (ortalezas) y O (portunidades.) En inglés, se habla del **SWOT** (Strengths, Weaknesses, Opportunities and Threats**.**)

DARK STORE. Reconversión de tiendas en almacenes para satisfacer en exclusiva pedidos online.

DATING EXPRESS. 7.5.08. Se está celebrando un Foro en Barcelona en el que una empresa presenta un proyecto durante media hora a un posible inversor. Pasado ese tiempo, se presenta el proyecto a otro. Es un procedimiento rápido de buscar novio/a para tu proyecto.

DCMR. Departamento del Banco de España que vigila la conducta del mercado y atiende las reclamaciones.

DDoS. Asalto que han sufrido Twitter y otras redes en Agosto 2009 que consiste en enviar al mismo tiempo una serie de peticiones desde distintos ordenadores al servidor de una web. Cuando éste se queda sin capacidad de atender tantas peticiones, se produce el colapso del sistema.

BAR GOOGLE. Google tiene un sistema para evitarlo. 200 clientes quieren entrar a la vez en un bar. Un vigilante les pone en cola y no bloquean al camarero porque piden la consumición uno detrás de otro.

BAR TWITTER. 200 clientes quieren entrar a la vez en un bar. No hay vigilante. Cuando los 200 piden la consumición, el camarero se vuelve loco.

DECLICKER. Aplicación para limpiar digitalmente de ruidos parásitos el audio extraído de un disco de cuarzo. Con esto se consigue que los viejos discos que algunos de nosotros tenemos en casa suenen de maravilla.

DECONSTRUCCIÓN. Doctrina filosófica de Jacques Derrida. *"Reblandecimiento de las barreras que separan unas cosas de otras. Unas veces, de manera violenta. Otras, advirtiendo y aprovechando una fisura que conecta un extremo con el otro".*

<u>Comentario</u>. *No lo entiendo muy bien, pero me suena a eso que pasa ahora: que todo vale.*

DECOUPLING. Fenómeno por el que las economías de otros países no serían arrastradas, en caso de recesión de Estados Unidos. *(Como "couple" quiere decir "pareja", el decoupling es "desparejarse".)* En castellano, le llaman **DESACOPLAMIENTO.**

DECRETO RATO. Decreto del año 2000, que establece que ningún operador de telefonía móvil y que sea operador principal (o sea, el que tiene una importante cuota de mercado), si tiene acciones de otro operador principal, podrá ejercer derechos políticos, o sea votar, por encima del 3 % del capital, aunque tenga más. Tampoco podrá nombrar miembros del Consejo de Administración.

DECRETO 3 + 2. Da libertad a los Rectores de Universidad para que cualquier grado tenga tres años y los masters, dos.

DEEPFAKE. Imagen manipulada

DEEP WEB (INTERNET PROFUNDA). La que se utiliza para el tráfico de bienes ilícitos.

DÉFICIT

> **DÉFICIT CONCURSAL.** Cuando una empresa entra en concurso (la antigua suspensión de pagos) se produce déficit concursal si la liquidación de sus activos no cubre el total de la deuda.
>
> **DÉFICIT ESTRUCTURAL.** Gastos menos ingresos que no se ven afectados por momentos extraordinarios en el ciclo económico (expansión o recesión). O sea, pase lo que pase, gastamos más de lo que ingresamos.
>
> **DÉFICIT POR CUENTA CORRIENTE.** Cuando los ingresos por operaciones comerciales, servicios, rentas y transferencias son inferiores a las salidas.
>
> **DÉFICIT EXTERIOR O DÉFICIT COMERCIAL.** Cuando las Importaciones superan a las Exportaciones. *25.3.10. Exportaciones = 12.091,7 M €. Importaciones: 16.601,4 M €. Déficit: 4.509,7 M €.* El dinero para pagar el Déficit proviene de Créditos del extranjero, que acuden si los tipos de interés son altos. Estos tipos altos traen consigo reducción de la actividad económica y moneda más alta.
>
> **DÉFICIT PÚBLICO.** Gastos menos ingresos.

DÉFICIT PRIMARIO. El que no tiene en cuenta los intereses.

El déficit de 2015 era de 50.000 millones.
Los intereses, 33.000 millones.
Déficit primario: 50.000 − 33.000 = 17.000, un 17 % del PIB, estimando que el PIB es de un millón de millones. Como es un poco más, hablamos de un déficit primario del 20 %.

DÉFICIT DE TARIFA.
Desde aquí hasta el vocablo FADE inclusive ver mi documento *"La factura iluminada"*. Actualizado hasta agosto de 2023.

La diferencia entre lo que cuesta generar la energía y el precio que pagan los consumidores sujetos a una tarifa decretada por el Gobierno. El escaso aumento de la tarifa hizo que las eléctricas protestaran. El Gobierno reconoció el hecho y les autorizó a que en sus cuentas apuntaran este déficit como ingreso. Por tanto, cuando las eléctricas dicen que han facturado X, en ese X está algo que no han facturado, sino que irán cobrando poco a poco, porque en las facturas de la luz se incluirá un porcentaje para subsanar ese déficit, que ha sido:
    2005: 4.106 M
    2006: 2.830 M
    2007: 1.180 M
    2008: 4.640 M
    2010: 17.000 M

Se calcula que el déficit de 2005 se acabará de pagar el 2020. Lo que pasa es que, además, se necesita que suban un 30 % las tarifas para no crear nuevos déficits. Al Gobierno le da miedo subir mucho las tarifas, pero, mientras tanto, la bola crece.

22.9.09. Ahora hay diez Bancos intentando quedarse con una operación que consiste en:
Los Bancos adelantan el dinero, por ejemplo, 10.000 millones, a las eléctricas, con lo cual, éstas ya han cobrado.
Los Bancos venden trocitos ("paquetitos") de esos miles de millones que tienen el aval del Estado.
Los compradores de los paquetitos pagan al contado a los Bancos y cobran a plazos, en nuestro recibo de la luz, al que se añade un poquito para, poco a poco, amortizar los 10.000 M.

Enero 2011. Como era de esperar, subida fuerte de la electricidad. (para las familias, el 10 %).

Febrero 2011. El déficit es de 20.000 M. El Gobierno va a emitir bonos con el aval del Estado, según el siguiente plan:

Deuda ya emitida	2.000 M (*)
A emitir en Febrero-Marzo 2011	Entre 6.000 y 12.000 M €, según como estén las cosas (o sea, según haya o no gente dispuesta a comprar esa deuda a un precio razonable para el Estado.)

Bancos colocadores, que cobran una comisión por hacer este trabajo y que ahora la han bajado:
Santander, BBVA, BNP Paribas, Deutsche Bank, Crédit Agricole y Goldman Sachs.

(*) Los 2.000 M de la primera emisión se han captado en los siguientes países:

España	60 %
Italia	16 %
Reino Unido	6 %
Irlanda	5 %
Francia	4 %
Alemania	3 %

FADE, FONDO DE AMORTIZACIÓN DEL DÉFICIT ELÉCTRICO. Vehículo creado por el Estado para buscar financiación en los mercados de capitales.
O sea:

- Las eléctricas le pasan a **FADE** lo que cobran de menos
- **FADE** busca dinero (vende paquetitos) por el mundo, con el aval del Estado.
- **FADE** les pasa el dinero a las eléctricas. Por tanto, estas ya han cobrado.
- El proceso sigue como antes. Es decir:
- Los compradores de los paquetitos pagan al contado a los Bancos y cobran a plazos, en nuestro recibo de la luz, al que se añade un poquito para, poco a poco, amortizar los 10.000 M.
- 26.2.12. El déficit de tarifa es de 24.000 M €.
- 26.2.12. Para acabarlo de estropear, **FADE** no consigue vender los paquetitos.
- 26.2.12. Por si faltaba algo, según Expansión, *"los directivos de Iberdrola dicen que el 50 % del precio final de la energía son costes ajenos al suministro eléctrico, y que si se eliminaran cosas como las primas termosolares, la factura podría bajar de precio".*

Ver CÉNTIMO VERDE.

DÉFICIT FISCAL. Cuando un territorio recibe de la Administración central en forma de gasto público menos dinero del que aporta en impuestos.

DEFLACTACIÓN. Medida que tiene en cuenta la inflación. Por ejemplo, en un Proyecto de Ley de Presupuestos se preveía la deflactación de la tarifa del IRPF. Esto supone que los tramos de la base imponible a los que se aplican los distintos tipos impositivos serán actualizados por la inflación experimentada cada año.

DEG, DERECHOS ESPECIALES DE GIRO. Cesta de divisas integrada por el dólar, el euro (procedente de otra cesta de divisas), el yen y la libra esterlina, que podría sustituir al dólar, como moneda de reserva. (O sea, yo podría ahorrar en DEGs en lugar de en dólares. El DEG estaría respaldado por varias naciones, mientras que el dólar depende de una sola nación, USA.). Sarkozy quiere que en la cesta entre el yuan (China).

DELAY AND PRAY. Literalmente, *"aplaza y reza"*. Lo que están haciendo algunos, a ver si las cosas se arreglan por sí mismas.

DELEVERAGING. Lo que hacemos todos cuando tenemos demasiadas deudas: intentar reducirlas.

DEMANDA COLECTIVA. Ver CLASS ACTION.

DENIAL OF SERVICE. Ataque en la red mediante un acceso masivo a los servidores del proveedor de la web atacada. Esta gran cantidad de tráfico acaba colapsándolos e impidiendo que la página en cuestión se pueda abrir.

DENOS. En la terminología del SEPE, demandantes de trabajo no ocupados.

DEPRESIÓN. Espiral formada por:

Peores expectativas
Menos inversión
Más desempleo
Menos gasto de las familias
Peores expectativas
Etc.

DERECHOS DEL FÚTBOL. Los clubs de fútbol ceden los derechos de explotación de las imágenes de los partidos que disputan, a empresas especializadas en la gestión de estos activos. Estas empresas las venden a operadores audiovisuales para que las emitan.

DERIVADOS. Productos financieros cuyo valor procede de la evolución de otros activos, que se llaman activos subyacentes. Son un pacto: *"hoy compra usted un derivado por 100. Este derivado está vinculado a una acción de Telefónica (el activo subyacente.) Si la acción de Telefónica sube un 10 % en un año, usted podrá venderme el derivado por 110".* El activo subyacente pueden ser acciones, "cestas" de acciones *(un conjunto de acciones de distintas Compañías),* divisas, etc.

Hay dos tipos de Derivados: los **Futuros** y las **Opciones**.

FUTUROS: Contrato que obliga a comprar o vender un activo subyacente en una fecha determinada y a un precio convenido previamente por ambas partes.

OPCIONES: Contrato que otorga el derecho a comprar o vender un activo subyacente en una fecha determinada y a un precio convenido previamente por ambas partes.

A continuación, indico tres tipos de Opciones: el **Warrant**, el **Put** y el **Call.**

WARRANT. Opción emitida por una entidad financiera por un título *(una acción, que actúa como "Activo Subyacente".)* Es decir, el Banco tiene una acción de Telefónica y, sin venderla, quiere tener más dinero. Emite una Opción sobre esa acción y me la vende. Firmamos un contrato por el que yo tengo la opción de vender al Banco ese Warrant al cabo de un tiempo. Durante ese tiempo, yo he podido hacer negocio con el Warrant, porque pueden cotizar en Bolsa. *(También he podido perder, por supuesto.)*
Supongo que yo tengo la opción de vender, porque quizá no necesito ese dinero y puedo esperar. No sé si el Banco tiene la opción de no comprarme, aunque yo quiera vender. Cuando me entere, os lo diré.

TURBO WARRANT. Opciones de compra o de venta que cotizan en Bolsa. Permiten ganar dinero apostando a la baja o al alza.

Se diferencia del warrant en que puedo venderlo cuando el IBEX toca un nivel. A eso le llaman **LA BARRERA**. Y el **IBEX** es **EL SUBYACENTE.** Mi riesgo es mayor cuanto más se acerca la cotización del IBEX a LA

BARRERA, pero, como suele ocurrir con frecuencia, también es mayor la rentabilidad.

Comentario: Supongo que el tema es: Yo compro turbos y apuesto a que el IBEX se pondrá en 13.000 en una fecha determinada. (Ahora puede estar a 12.000 o a 14.000.) Aguanto como en "Solo ante el peligro", sin parpadear, mientras me encomiendo a todos los santos, y cuando el IBEX llega a 12.999 o a 13.001, vendo.

Dicen que, en los 12 meses que lleva funcionando para inversores minoristas, ha movido 86,438 millones de euros.

Comentario: Mi amigo no ha puesto un euro en Turbos, a pesar del interés con que se los recomendó el Director de la Agencia de la Caja de Ahorros de San Quirico, porque le da la impresión de que el citado Director no entendía lo que le quería colocar. Mi amigo dice que con la Primitiva tiene bastante. Que nunca gana, pero que, por lo menos, la entiende.

PUT. Es una <u>Opción</u>, por la que adquiero un derecho de venta sobre un Activo Subyacente a un precio determinado y a un plazo determinado. Es decir, yo compro un Put, Opción ligada a una acción de Telefónica. Estoy convencido de que las acciones de Telefónica van a bajar y adquiero por 100 el derecho de vender esa acción por 110 dentro de un año. El que me vende el Put dispone de ese dinero durante un año, sin tener que vender la acción de Telefónica. Si, por ejemplo, dentro de un año la acción baja a 90, él me la tiene que comprar por 110.

CALL. Igual, pero al revés. Copio la definición de Put, cambiando las palabras y poniéndolas en cursiva.
Es una <u>Opción</u>, por la que adquiero un derecho de *compra* sobre un Activo Subyacente a un precio

determinado y a un plazo determinado. Es decir, yo compro un *Call*, Opción ligada a una acción de Telefónica. Estoy convencido de que las acciones de Telefónica van a *subir* y adquiero por 100 el derecho de *comprar* esa acción por *90* dentro de un año. El que me vende *el Call* dispone de ese dinero durante un año, sin tener que vender la acción de Telefónica. Si, por ejemplo, dentro de un año la acción *sube a 110*, él me la tiene que *vender* a *90*.

En las definiciones anteriores, he señalado el precio al que estará la acción cuando se ejecute la Opción o el Futuro. A ese precio se le llama **PRECIO DE EJERCICIO O STRIKE.**

DESACOPLAMIENTO. Ver DECOUPLING.

DESAMORTIZACIÓN. Proceso por el que el Estado vende bienes públicos o bienes previamente expropiados a particulares.

DESARROLLO SOSTENIBLE. Término acuñado por Hanns Carl von Carlowitz en 1713 en Sajonia, Alemania. Se define como *"el desarrollo que cubre las necesidades del presente sin comprometer la capacidad de generaciones futuras de cubrir sus necesidades".*

DESBANCARIZACIÓN. Búsqueda de vías alternativas o complementarias para financiar una empresa. **Ver MARF.**

DESCARGA LEGAL DE PELÍCULAS Y OTROS CONTENIDOS VIDEOGRÁFICOS VÍA INTERNET. Puede ser:

- **Down to own**. Descarga en propiedad.

- **Video on demand.** Descarga en alquiler de 24 horas.
- **Download to burn.** Descarga con derecho a copia física en DVD.

DESCORCHE. Práctica que consiste en llevar al restaurante el vino que vas a beber. Por el *"descorche"* de la botella, el restaurante cobra unos 10 euros.

DESESTACIONALIZACIÓN. Ver "PARO".

DESMUTUALIZACIÓN DE LAS BOLSAS. Proceso de privatización de las Bolsas.

DESPACHO AMIGO. Una manera de crecer los despachos profesionales, dando un servicio homogéneo en trabajos que dependen de varias jurisdicciones o que están en ciudades o países distintos. Generalmente, son firmas afines en tipo de clientes, reputación y estrategias. Tienen relaciones de lealtad muy cercanas, que se potencian con frecuentes encuentros.

DESTRUCCIÓN CREATIVA. Relevo de unas actividades que han quedado obsoletas o agotadas por otras con sentido de futuro.

DTA. Ver ACTIVOS FISCALES DIFERIDOS. Compro una Compañía que tiene pérdidas. Esas pérdidas van a mi Activo, como los demás Activos de esa Compañía. Resto de mis beneficios esas pérdidas y pago menos a Hacienda.
Tengo pérdidas en unos ejercicios. Las utilizo para restarlas de los beneficios de los ejercicios siguientes y pagar menos impuestos.

PARA ACLARAR UN POCO MÁS

DTA, ACTIVOS FISCALES DFERIDOS Pérdidas pasadas que dan derecho a futuras reducciones en el pago de impuestos. Ha habido bancos que se han quedado con cajas que tenían pérdidas. Eso les va bien a esos bancos, porque de los beneficios futuros pueden restar esas pérdidas y así, pagar menos impuestos.

Los DTA están en el activo de los bancos. Ahora, en España, han conseguido que el Estado se los avale, o sea, que jure por sus muertos que lo considerará como pérdida, con la consiguiente reducción de impuestos. Después de ese juramento, Basilea III considerará esos activos como capital y no obligará a los bancos a buscar más capital por ahí.

Noviembre 2013. Hablan de que hay activos fiscales por 50.000 millones y que el Estado español va a avalar

DEUDA CON RECURSO. En las cuentas de 2006 que presentó Ferrovial a la CNMV, sólo incluye la deuda de la que responde directamente, y le llama *"Deuda con recurso"*. Asciende a 3 M €.

DEUDA SIN RECURSO. En dicho informe, Ferrovial pone aparte la deuda de sus filiales, que no cuenta con el aval directo de la matriz, y que asciende a 30 M €. Le llama *"Deuda sin recurso"*. Por tanto, la **DEUDA DE VERDAD,** que llaman **DEUDA NETA TOTAL**, es la con recurso + la sin recurso, o sea, 33 M €.

DEUDA CORPORATIVA NO FINANCIERA. Deuda que se debe a empresas que no sean bancos.

DEUDA ODIOSA. La heredada por un Gobierno de una Administración anterior corrupta.

DEUDA SUBORDINADA. (Ver INSTRUMENTOS HÍBRIDOS). Un Banco pide dinero a la gente y emite deuda subordinada. Tiene las siguientes características:

Escasa liquidez.
El pago de los intereses está condicionado a que la entidad emisora (la que ha pedido dinero prestado) tenga beneficios.
Si quieres vender los títulos que te han dado a cambio de tu dinero, tienes que esperar a la fecha de su vencimiento, a no ser que los vendas en el mercado secundario, o sea, al que te los quiera comprar, que normalmente te pagará menos que el nominal.
No están garantizados por el Fondo de Garantía de Depósitos.

<u>Comentario:</u> *Como se puede ver, todo son ventajas. (para el Banco.)*

DEVELOPMENT CENTER. Simulación de trabajo para apreciar el potencial de desarrollo de los participantes, a través de ejercicios que representan situaciones de trabajo de mayor responsabilidad que las que realizan habitualmente.

DEVOLUCIÓN EN CALIENTE. Llega un inmigrante. Se le coge y se le pone en el otro lado de la frontera inmediatamente.

DIFERENCIAL DE CLIENTES. En los Bancos, diferencia entre el rendimiento del activo (créditos a los clientes) y el coste del pasivo (depósitos de los clientes)

DILUCIÓN. Cuando se hace una ampliación de capital, lo normal es ofrecer las acciones nuevas a un precio inferior al de las viejas, porque así la gente se anima a comprar *("a ir a la ampliación")*. Esto hace que se incorporen al mercado unas acciones de precio inferior, arrastrando hacia abajo el precio de las otras.

DINAMIZADOR SOCIAL. Ver GENTRIFICATION.

DINERO HELICÓPTERO. Dinero que el BCE está echando en la economía.

DINERO NEGRO. El que es de color oscuro.

DIRCOM. Director de Comunicación.

DIRECT LENDING. Fondo de deuda. Presta a las empresas sin pasar por los bancos. Forma parte del **SHADOW BANKING.**

DISCIPLINA PRESUPUESTARIA. Lo que pasa cuando los ingresos y los gastos están equilibrados. Lógicamente, **INDISCIPLINA** = cuando se gasta más de lo que se ingresa.

DISCURSO DEL ASCENSOR. Ver ELEVATOR PITCH.

DISTOPÍA. En Davos 2012 se ha hablado del riesgo de que el mundo se hunda en una **DISTOPÍA,** una realidad perversa que agudiza las desigualdades y destruye la cohesión social.

DISTRACCIÓN. Lo que se hace cuando, por las razones que sean, uno se dedica a cosas accesorias y se olvida de las principales. Por ejemplo: una familia no tiene dinero para comer y se le ocurre pintar de verde la sala de estar, que así quedará muy mona.

DISTRESSED DEBT. Deuda con problemas de cobro.

DISTRESSED FUNDS. Ver FONDOS BUITRE Y VULTURE FUNDS.

DISTRIBUTED MANUFACTURING. En lugar de invertir en fábricas muy caras y contratar más trabajadores, Tata Motors, la empresa india que ha lanzado el Nano, un coche que se vende por 2.000 dólares, tiene previsto limitar la producción en su planta central a 500.000 coches por año. Cuando sobrepase esa cantidad, utilizará plantas satélites para fabricar los componentes del coche y luego los distribuirá en "Kits Nano" a empresas independientes, entrenadas y auditadas por Tata, para que hagan el ensamblaje final y la distribución.

DIVIDENDO DIGITAL. Cuando la televisión analógica pase a ser digital -o sea, cuando se produzca *"el apagón analógico"*- quedarán frecuencias libres, que podrán ser utilizadas para prestar nuevos servicios en comunicaciones. En El Reino Unido, calculan que el 30 % de las frecuencias (o sea, lo que se llama el 30 % del ESPECTRO) pasará a otros servicios. Puede haber alguna cadena de TV que tenga una frecuencia y que le resulte más rentable alquilarla (alquilar el Espectro) que explotarla.

DIVIDENDO FLEXIBLE. Ver SCRIP DIVIDEND.

DO, DENOMINACIÓN DE ORIGEN. Etiqueta reservada para productos de regiones concretas. (En Francia, **AOC,** Appellation d´Origine Contrôlée**).**

DOBLE ESCALA SALARIAL. Los trabajadores recién incorporados a una empresa a partir de una determinada fecha perciben una retribución inferior a la de sus colegas veteranos. No existe una clara regulación legal y muchos casos acaban en los tribunales.

DOCTRINA BAGEHOT. En situaciones de falta de liquidez, un Banco Central actúa como prestamista de última instancia, prestando a un tipo penalizador (o sea, a un interés más alto) el dinero que necesiten las entidades financieras solventes.

DOCTRINA BUSH. USA se irroga el derecho de atacar preventivamente a un país si sospecha que éste prepara una agresión.

DOCTRINA SINATRA. (De la canción *"My way"*, *"A mi manera"*, de Frank Sinatra.) Término acuñado por Gennadi Gerasimov, portavoz de Exteriores soviético, hacia 1989, para significar que la URSS daba libertad a los países satélites para gobernarse como quisieran. Y cayó el muro de Berlín, claro.

DODD & FRANK. Junio 2010. Nueva ley, a punto de ser aprobada en USA, que obligará a los Bancos a separar los negocios que hacen con su cartera de los que hacen con la cartera de los clientes.

DON´T ASK, DON´T TELL. Política seguida durante muchos años por el Pentágono respecto a los homosexuales.

DOOMSCROLLING. Moda ´apocalíptica´ que se ha generalizado con la COVID-19: pasar largas horas frente a la pantalla leyendo noticias sobre la pandemia.

DOUBLE DIP. Ver **CRISIS, TIPOS.**

DOUBLE IMPACT INVESTMENT. Inversión con doble impacto: económico y social.

DOWNSHIFTING. Pasar a un puesto de menor responsabilidad, con el consiguiente ajuste de sueldo, para, a cambio, ganar en calidad de vida.

DOWNSTREAM. Colaboración entre fabricantes y distribuidores.

DRONE. Avión sin piloto. VER **PERSISTENCE.**

DRUNCH. V. VOCABLOS DE GOURMETS.

DSS, INICITIVA DE SUSPENSIÓN DEL SERVICIO DE LA DEUDA. Noviembre 2020. El G-20 apoya dar seis meses más a los países pobres para que paguen su deuda.

DTC. Enfoque directo al consumidor

DUCK EASIES. Restaurantes clandestinos que han ido apareciendo en California desde 1 de Julio de 2012, cuando el Estado prohibió la producción y venta de foie gras.

DUDOSIDAD. Paso previo a la morosidad.

DUE DILIGENCE. Auditoría financiera y de Activos y Pasivos, previa a la compra-venta de una empresa.

DUI. Declaración unilateral de independencia. (Cataluña)

1. EAFI
2. EARLY ADOPTER
3. EBA
4. EBAU O EVAU
5. EBE
6. EBITDA
7. EBITDAR
8. E-BOOK
9. ECDC
10. ECOBARRIO
11. ECOEFICIENCIA
12. ECOFATIGA
13. ECOFIN
14. ECONOMÍA APLICADA
15. ECONOMÍA AZUL
16. ECONOMÍA COLABORATIVA
17. ECONOMÍA REAL
18. ECONOMISTA FORENSE
19. ECOTASA
20. ECUACIÓN MONETARISTA
21. EEES
22. EFC
23. EFECTO BANDWAGON
24. EFECTO BRADLEY
25. EFECTO CALENDARIO
26. EFECTO CASH-BURN
27. EFECTO DESÁNIMO
28. EFECTO ESCALÓN O EFECTO COMPARACIÓN
29. EFECTO ESTAMPIDA
30. EFECTO EXPULSIÓN
31. EFECTO GURÚ
32. EFECTO LUNES
33. EFECTO MANDÍBULA
34. EFECTO MODIGLIANI
35. EFECTO PRECIPICIO.
36. EFECTO STREISAND
37. EFECTO TEQUILA

38. EFECTO UMBRAL
39. EFECTO VERANO
40. EFF
41. EFFICIENCY PARADOX
42. EFICIENCIA
43. EGM
44. ELA
45. E-LEARNING
46. ELECTROLINERA
47. ELECCIONES NORTEAMERICANAS
48. ELEVATOR PITCH
49. ELUSIÓN FISCAL
50. EMBALSE CONTRACÍCLICO
51. EMBEDDED
52. EMOJI
53. EMPLOYER BRANDING
54. EMPRESA COGNITIVA
55. EMPRESA GACELA
56. EMPRESA HUECA
57. EMPRESA YIELDCO.
58. ENDEUDAMIENTO FINANCIERO
59. ENDORSEMENT
60. ENERGY BILL
61. EONIA
62. EPA, ENCUESTA DE POBLACIÓN ACTIVA
63. EPA, ESQUEMA DE PROTECCIÓN DE ACTIVOS
64. EPC
65. EQUITY SWAP
66. ERE
67. E-READER
68. ERT
69. ERTE
70. ERTMS
71. ESPIRAL DE GASTO CRECIENTE
72. ESTADO DE BIENESTAR
73. ESTADO FALLIDO
74. ESTANFLACIÓN
75. ESTRATEGIA DE OCÉANO AZUL
76. ESTRUCTURA BULLET

77. ESQUEMA DE MOVILIDAD
78. ETNOGRAFÍA
79. ETOP
80. ETF
81. ETT
82. ETVE
83. EURIBOR
84. EURIBOR PLUS
85. EURO ÁREA 4
86. EUROBONOS
87. EUROORDEN
88. EUROPIGMEO
89. EUROPOL
90. EUROSTAT
91. EURO TIGERS
92. EUROVIÑETA
93. EUROZONA
94. EVENTO DE CRÉDITO.
95. E-VERIFY
96. EWYK
97. ÉXIT TAX
98. EXPOSICIÓN DUDOSA
99. EXTERNALIZACIÓN
100. EXTIMIDAD

EAFI. Empresa de asesoramiento financiero.

EARLY ADOPTER. El que sigue al Trendsetter y copia sus productos, los adapta y los hace más sencillos. **(Ver TRENDSETTER.)**

EBA, AUTORIDAD BANCARIA EUROPEA. La encargada de hacer los tests de stress a los Bancos.

EBAU o EVAU. Junio 2020. La antigua Selectividad.

EBE, ESPACIOS DE BIENVENIDA EDUCATIVA. Experiencia educativa puesta en marcha por el Govern de Pasqual Maragall para la incorporación de los alumnos inmigrantes a la escuela. Julio 2011. Se elimina por falta de dinero.

EBITDA. (V. OIBDA) Earnings before Interest, Taxes, Depreciation and Amortization.

Ebitda is looking at the cash flow of the Company. By not including interests, taxes, depreciation and amortization we can see clearly the amount of money a Company is bringing in.

This is especially useful when a Company wants to takeover another Company because the Ebitda would cover any loan payments needed to finance the takeover.

EBITDAR. En Compañías aéreas: Earnings before Interests, Taxes, Depreciation, Amortization and Renting (alquiler de los aviones.)

E-BOOK. Libro digital, leído por los **E-READERS.**

ECDC, Centro Europeo para la prevención y control de enfermedades.

ECOBARRIO. Vallbona, un pueblo catalán, quiere ser el primer ecobarrio de España. Quieren preservar el pasado agrícola y que se haga un buen uso de la energía, los residuos y el agua. La mayoría de calles serán peatonales o de velocidad reducida. O sea, se trata de ver si empezamos a conseguir que se viva un poco bien. 2017. No sé si lo están consiguiendo.

ECOEFICIENCIA. Trata de prevenir la contaminación y la generación de residuos y, en general, cualquier tipo de contaminación medioambiental, desde un punto de vista económico, de forma que los esfuerzos ecológicos se reflejan en la cuenta de resultados.

ECOFATIGA. Efecto desmotivador para la gente, producido por tantas amenazas como nos van llegando sobre los peligros del calentamiento global.

ECOFIN. Consejo de Ministros de Economía y Finanzas de la UE.

ECONOMÍA APLICADA. VER POLÍTICA ECONÓMICA.

ECONOMÍA AZUL. Según *Gunter Pauli*, en *Expansión*, negocios científicamente probados y viables económicamente, que no sólo preservan el medio ambiente, sino que mejoran los ecosistemas en los que operan.

ECONOMÍA COLABORATIVA. Por ejemplo, empresa en la que un señor lleva en su vehículo privado a otras personas, cobrándoles por el servicio y haciendo la competencia a los taxis. Por ejemplo, empresas en las que un señor ofrece alojamiento en su casa, cobrando por los servicios y haciendo la competencia a los hoteles. Mayo 2015. La Generalitat catalana quiere regular este sector.

Comentario. A los taxistas y a los hoteleros no les hace ninguna gracia.

ECONOMÍA REAL. Llaman así a las decisiones de gasto, inversión y empleo de familias y empresas.

ECOTASA. Impuesto a los turistas que se alojaban en los hoteles de las Baleares. Entró en funcionamiento el

14.5.03 y fue derogado el 26.10.03, ante las protestas de los hoteleros y de los turistas alemanes.

ECUACIÓN MONETARISTA. Establece una relación directa y proporcional entre la emisión de dinero y la inflación.

EEES. Espacio Europeo de Educación Superior, o Plan Bolonia.

EFC, ESTABLECIMIENTO FINANCIERO DE CRÉDITO. Ver AFIANZA.

EFECTO BANDWAGON. Subirse al carro del bando vencedor.

EFECTO BRADLEY. Los encuestados contestan lo que les parece que les hace quedar bien. Luego votan lo que quieren.

EFECTO CALENDARIO. Ver "PARO".

EFECTO CASH-BURN. Lo que pasa cuando mis ingresos bajan y trato de compensar la bajada con un rendimiento mayor de lo que tengo depositado en una entidad financiera, negociando unos intereses más altos o cambiando de producto financiero a otro de mayor rentabilidad.

EFECTO DESÁNIMO. Lo que le pasa a una persona que no encuentra trabajo durante mucho tiempo, se desanima y deja de buscarlo.

Comentario: ¡PROHIBIDO!

EFECTO ESCALÓN (O EFECTO COMPARACIÓN.)
A un Ejercicio excepcionalmente bueno suele seguirle otro de desaceleración de los beneficios, ya que el punto de partida respecto al que se establece la comparación es particularmente exigente. Con frecuencia, ocurre en la determinación de los objetivos. *(Ya que usted llegó el año pasado a X, le pongo un objetivo de 2X para este año.)*

EFECTO ESTAMPIDA. Cuando la gente no se fía de un país y se lleva el dinero a otro.

EFECTO EXPULSIÓN. Ver CROWDING OUT.

EFECTO GURÚ. Lo que pasa cuando la oscuridad de lo que dice alguien le da prestigio como gurú. *("¡Qué listo debe ser ese señor! ¡No hay quien le entienda!")*

EFECTO LUNES. Los operadores petroleros bajan el precio el lunes -cuando la Comisión Europea recoge datos para las estadísticas- y vuelve a subirlos a partir del martes.

EFECTO MANDÍBULA. Concepto utilizado por el Banco Santander para indicar el objetivo de que los ingresos crezcan más y más rápido que los gastos.

EFECTO MODIGLIANI. Eso que nos pasa a muchos: que cuando ganamos 100, nos duele mucho bajar a 80, aunque se nos olvida que antes sólo ganábamos 60.

EFECTO PRECIPICIO. Quiebras, pérdidas de ingresos, créditos fallidos, como consecuencia de las medidas tomadas con motivo de la pandemia.

EFECTO STREISAND. Amplificación de lo que se quiere esconder.

EFECTO TEQUILA. Crisis del peso mexicano en 1994, parecida a la crisis asiática de Julio de 1997. Se caracteriza por:

Tipo de cambio fijo sobrevalorado. (La moneda del país vale teóricamente mucho, en dólares, con lo que no se exporta.)
Déficit por cuenta corriente. (Por la misma razón.)
Deuda en divisa externa.

EFECTO UMBRAL. Lo que nos pasa a muchos, cuando vamos a buscar algo y se no olvida lo que íbamos a buscar.

EFECTO VERANO. Aumento de las contrataciones en esa época.

EFF. Ver FACILIDAD PARA LA RESILIENCIA Y LA RECUPERACIÓN.

EFFICIENCY PARADOX, la paradoja de la eficiencia. Principio económico que sostiene que, a medida que la eficiencia en el uso de la energía aumenta, el consumo total también aumenta, no baja. En lugar de producir ahorros, las reducciones de costos animan a consumir más energía.

EFICIENCIA. Lo que gasta una entidad financiera por cada 100 € que ingresa.

EGM, ESTUDIO GENERAL DE MEDIOS. Mide el comportamiento de la audiencia de la prensa. (No sé si también de radio y TV.)
EI. ESTADO ISLÁMICO. Lo mismo que ISIS.

ELA, EMERGENCY LIQUIDITY ASSISTANCE. Programa de créditos de emergencia del BCE.

E-LEARNING. Proceso de formación que utiliza de manera preferente Internet o las Intranets para intercambiar datos e información alrededor de la Gestión de Empresas y en el desarrollo de Habilidades directivas.

ELECCIONES AMERICANAS. Vocabulario extraído de la campaña 2008. El ganador fue Obama.

- **Canvassing.** Método intensivo de contacto personal con los votantes, de puerta a puerta. Rosa Díez ha hecho ahora algo similar en España.
- **Caucus.** Asambleas electoras. En los caucus demócratas, se vota a mano alzada. En la primera ronda, los candidatos con menos apoyo quedan eliminados. Quienes les han apoyado son "cortejados" para que sumen sus votos a los candidatos "viables".
- **Comeback kid.** Candidato que ha sufrido un fuerte revés y logra recuperarse en la próxima elección.
- **Concesión speech.** Discurso que pronuncia un candidato para aceptar la derrota y felicitar al rival.
- **Crossover voter.** Votante registrado en un partido, pero que decide votar por un candidato del partido contrario en unas primarias o en la elección general. (En España, les llaman "tránsfugas").
- **Endorse.** Declarar oficialmente su apoyo a un candidato. Lo ha hecho la familia Kennedy con Obama y Schwarzenegger con McCain.
- **Flip-flop.** Candidato que va cambiando de opinión a lo largo de la campaña electoral.
- **GOP.** Grand Old Party. El Partido Republicano.

- **Kingmaker.** Un candidato que no ha ganado, pero que contribuye decisivamente a que otro gane, cediéndole sus propios delegados. Me parece que lo ha hecho Romney con McCain.
- **Mom,** mamá. Dos tipos:
  - ***Soccer mom.*** "La madre del fútbol". Estereotipo sociológico y político para referirse a las mujeres casadas de clase media-alta que no trabajan fuera de casa, viven en barrios residenciales y pasan mucho tiempo llevando en coche a sus hijos a las actividades extraescolares. Si es demócrata, prefiere a Obama.
  - **Waitress mom.** "La mamá camarera". La mujer que trabaja fuera de casa y que es de nivel social más bajo. Si es demócrata, prefiere a Clinton.
- **Momentum.** El impulso de un candidato tras haber ganado varias convocatorias. (Algo así como "carrerilla".)
- **Phone banking.** Avalancha de llamadas telefónicas a una lista de votantes potenciales para animarlos a que acudan a votar.
- **Pledged delegates.** Delegados que, en las primarias y caucus, se comprometen a apoyar a su candidato en la Convención final del Partido correspondiente, previa a las elecciones generales.
- **Primarias.** Sistema de elección por voto secreto, mediante votación electrónica.
- **Red status, blue status.** Los Estados rojos son los que suelen votar Republicano. Los azules son los Demócratas.
- **Sistema proporcional.** Usado por los Demócratas. Por ejemplo: en California ganó Clinton, pero Obama se llevó una parte de los delegados al ganar en varias áreas electorales.

- **Spin.** Argumentar para realzar las propias posiciones políticas o los resultados. Lo hacen, los candidatos, sus asesores y la prensa. Al acabar un debate televisado hay un spin alley ("callejón para el spin") Cada uno explica por qué ha ganado el suyo. (Véase lo que está sucediendo en España con los debates Zapatero-Rajoy.)
- **Superpac.** Grupo de apoyo a candidatos a la Presidencia de USA con alto poder de financiación a los partidos.
- **Superdelegates.** Un 20 % aproximado del total de delegados demócratas (este año, unos 800 sobre 4.049 delegados totales.) Asisten automáticamente a la Convención Demócrata. Mezcla de congresistas, ex congresistas, gobernadores, alcaldes, ex presidentes, ex vicepresidentes y otras figuras clave demócratas, que pueden votar a quien quieran, con independencia de que haya sido el vencedor o el perdedor de las primarias celebradas en su Estado. (Hay quien dice que, por culpa de los superdelegados, "de un golpe, todos estos meses de análisis, atención y debate quedarán en nada y se malograrán".)
- **Surrogates.** Los suplentes de los candidatos, que hacen campaña por su cuenta. Suelen ser los cónyuges o los familiares. Bill Clinton es el suplente de lujo de Hillary. Michelle Obama hace de suplente de su marido.
- **Stump speech.** El discurso standard de campaña, repetido con pocas variaciones en todos los mítines e intervenciones.
- **Swing states.** Estados bisagra en que republicanos y demócratas suelen estar muy empatados. Son los más cortejados en las campañas.

- **The winner takes all.** Sistema electoral en el que el ganador, aunque sea por la mínima, se lleva todos los delegados en juego. Utilizado por los Republicanos en las primarias y en los caucus.
- **Too close to call.** Expresión usada por las cadenas de TV cuando las encuestas a pie de urna no dan un claro vencedor.
- **Underdog.** El candidato que, en teoría, tiene menos posibilidades y desafía al favorito.
- **VENTAJA DE QUE LA CAMPAÑA ELECTORAL SEA TAN LARGA.** Los votantes comprueban la capacidad de cada candidato para pensar estratégica y tácticamente y para dirigir una organización muy compleja

ELECTROLINERA. Estación de servicio en la que se pueden recargar las baterías de los coches eléctricos.

ELEVATOR PITCH, DISCURSO DEL ASCENSOR. Fórmula con la que un emprendedor puede convencer de su idea a un inversor al que se encuentra en el ascensor.

ELUSIÓN FISCAL. En una multinacional, traslado de beneficios a las filiales ubicadas en países de baja tributación.

EMBALSE CONTRACÍCLICO. Ver BASILEA III.

EMBARGO EXPRÉS. Ver ROBO-SIGNERS.

EMBEDDED. Periodista integrado en una fuerza militar, que acompaña a los soldados en una misión.

EMOJI. Comunicarse por medio de iconos.

EMPRESAS GACELA. Las que crecen un 20 % al menos durante 3 años, amplían plantilla o exportan más de la mitad de la producción

EMPLOYER BRANDING. Hacer marca de buen empleador. Por ejemplo: la Caja de Ahorros de San Quirico envía un mensaje de ánimo antes de la entrevista de trabajo.

EMPRESA HUECA. Empresa que subcontrata la producción y se centra en el diseño, la marca y el marketing. Por ej., Nike.

EMPRESA YIELDCO. De altos dividendos.

ENDEUDAMIENTO FINANCIERO. Deuda neta s/ Fondos propios.

ENDORSEMENT. Donación privada a alguna Institución.

ENERGY BILL. Norma firmada por Bush el 6.12.07, en donde se establecen los principios dirigidos a incrementar la eficiencia y la producción de combustibles renovables. Pretende multiplicar por 5 el uso del bioetanol de aquí a 2022, llegando a una cifra que supone entre el 20 y el 25 % del consumo estadounidense de combustible en el transporte.

EONIA. Interés a un día en el mercado interbancario.

EPA, ENCUESTA DE POBLACIÓN ACTIVA. Investigación continua y de periodicidad trimestral dirigida a las familias, cuya finalidad principal es obtener datos de la fuerza de trabajo y sus diversas categorías (ocupados, parados), así como de la población ajena al mercado laboral (inactivos). Se hace con 65.000 familias, que equivalen a 200.000 personas. El período de referencia es la semana anterior a la realización de la encuesta. Ver **PARO.**

EPA, ESQUEMA DE PROTECCIÓN DE ACTIVOS.
Un banco, que va mal, es absorbido por otro. El Estado le garantiza al comprador que si en el banco absorbido hay porquería, se la queda el Estado. O sea, nos la quedamos nosotros. Esquema seguido para el Banco Sabadell en la compra de la CAM, según dice su presidente, en *La Vanguardia* de 21.7.13.

EPC. Código electrónico de producto, nuevo standard de codificación, que representa el siguiente paso del código de barras.

EQUITY SWAP. El tenedor de unas acciones contrata a un Banco de Inversión con el que acuerda la venta de esas acciones a un precio fijo. A su vez, el Banco acuerda con otros inversores venderles esas acciones a otros precios. Hasta que el tenedor de las acciones no decide venderlas - no decide "ejecutar" el equity swap-, no se produce el resto de compraventas. En la Memoria del BBVA de 2005, para calcular el valor de la cartera de acciones, el Banco dice: *"incluidos los equity swaps".*
En el tema Endesa-E.ON, Caja Madrid venderá a E.ON sus acciones, a 40 €/acción, dentro de dos años. Mientras tanto, conservará los derechos políticos *(voto en las Juntas.)*

ERE. Expediente de regulación de empleo. Proceso administrativo por el que una empresa, siempre que concurran causas de fuerza mayor o causas que lo justifiquen, **VER ETOP** puede realizar despidos colectivos, pactando con los trabajadores una indemnización habitualmente menor que la de un despido individual.

E-READER. Ver E-BOOK.

ERT, EUROPEAN ROUNDTABLE. Lobby empresarial formado por altos directivos de las grandes empresas europeas.

ERTE. Expediente de regularización temporal de empleo.

ERTMS. Sistema para controlar el exceso de velocidad en un tren.

ESPECTRO. Ver DIVIDENDO DIGITAL.

ESPIRAL DE GASTO CRECIENTE. Lo que pasa cuando ganas el doble y gastas el doble.

Comentario. Lo peor es que te acostumbras a gastar el doble y cuando vuelves a ingresar lo de antes, sufres, te quejas y dices que no hay derecho.

ESTADO DE BIENESTAR. Conjunto de políticas dirigidas a proporcionar servicios básicos a los ciudadanos (pensiones, seguro de paro, salud, dependencia, etc.), evitar situaciones de pobreza y ponerles en condiciones de llevar una vida tranquila y segura. (Es el llamado *"Welfare State"*, que cuida al ciudadano *"from the cradle to the grave", "desde la cuna hasta la tumba".*)

ESTADO FALLIDO. *(Según Rafael L. Bardají, en Expansión de 17.12.09).* Cuando el Gobierno central de una nación no puede:

Asegurar sus fronteras
Mantener el buen funcionamiento institucional
Garantizar el bienestar económico de sus ciudadanos
Evitar que el odio tribal, religioso o sectario socave la idea de nación
Impedir el estallido de la violencia y la pérdida del monopolio de la fuerza.

ESTANFLACIÓN. Ver STAGFLATION.

ESTRATEGIA DE OCÉANO AZUL. Las mejores Compañías abren nuevos nichos en lugar de destrozarse en mercados conocidos (océanos rojos.) Por ejemplo: Zara, el Circo del Sol, CNN, Leo Abadía Jr. con sus **PFI**, Programas de Formación Individual.

ESTRUCTURA BULLET. Mecanismo por el que el principal del crédito se paga al final, pero los intereses se liquidan mensualmente.

ESQUEMA DE MOVILIDAD. Se transfieren empleados públicos de una Administración a otra. Al que no acepte, se le despide en el plazo de un año.

ETNOGRAFÍA. En Investigación de Mercados, el método que estudia el comportamiento de los consumidores en su ámbito natural.

ETOP. Causas que justifiquen un **ERE.** Económicas, técnicas, organizativas o productivas. **Ver ERE**

ETF, EXCHANGE-TRADED FUND. Certificado que garantiza el oro que uno tiene. Con ello, no hace falta tener los lingotes guardados debajo de la cama.

ETT. Empresas de trabajo temporal.

ETVE, ENTIDADES DE TENENCIA DE VALORES EXTRANJEROS. Bajo la forma de holding, agrupan activos en países fuera de España.

EURIBOR (UNA PEQUEÑA HISTORIA)
EURIBOR A 3 MESES
Tipo de interés al que los Bancos se prestan dinero entre sí en el mercado interbancario. Es un indicador que señala la tendencia.
Agosto 07. 4,399 %
Noviembre 07. Está subiendo, lo que quiere decir que, a 3 meses, no se ve mejora de la situación, y los Bancos seguirán pasando tensiones de liquidez, no se prestarán dinero porque no se fían del impacto que las hipotecas subprime han tenido en los Balances de los demás y, como consecuencia, no darán créditos al consumidor y harán menos hipotecas.
4.12.07. El euribor a tres meses ha subido a 4,839 %, el máximo en 6 años.
5.12.07. 4,858 %, el máximo en 7 años.
11.12.07. 4,902 %, el máximo desde diciembre de 2000
13.12.07. 4,953 %.
14.12.07. 4,948 %, después de la intervención de los Bancos Centrales para inyectar liquidez al sistema
31.12.07. 4,684 %
2.1.08. 4,665 %
3.1.08. 4,616 %
5.1.08. 4,598 %
10.1.08. 4,591 %
20.1.08. 4,411 %
22.1.08. 4,393 %
23.1.08. 4,288 %
15.2.08. 4,355 %
8.3.08. 4,479 %
17.3.08. 4,617 %

28.3.08. 4,731 %
5.4.08. 4,741 %
12.4.08. 4,747 % (Me parece que los Bancos siguen sin fiarse unos de otros)
19.4.08. 4,794 %
26.4.08. 4,847 %
3.5.08. 4,855 %
10.5.08. 4,855 %
17.5.08 4,859 %
31.5.08. 4,864 %

22.6.08 4,959 %
5.7.08 4,959 %
12.7.08 4,963 %
19.7.08 4,957 %
26.7.08 4,962 %
2.8.08 4,966 %
30.8.08 4,963 %
13.9.08 4,958 %
20.9.08 5,005 %
27.9.08 5,142 %

HAN PASADO LOS MESES. EL EURIBOR, HOY, 16.8.16, ESTÁ A -0,050 %

30.11.16. -0,074 %. <u>Comentario</u>: ¡quién te ha visto y quién te ve!
24.1.17. Por debajo de -0,1 %
31.1.17. -0,095 %
31.8.19. -0,383 %
31.10.19 -0,304 %
29.2.20. -0,288 %
31.7.20. -0,279 %
31.8.20. -0,357 %

EURIBOR PLUS. Nuevo índice, que sustituirá al Euribor en el <u>1er. Semestre 2017.</u> Se intenta que sea más difícil de manipular. 31.8.19. No sé si se ha llegado a implantar.

EURO ÁREA 4. Nombre que el FMI da al grupo de países formado por Portugal, Irlanda, Grecia y España.
Comentario: Suena mejor que **PIGS.**

EUROBONOS. Los países europeos piden prestado dinero con el aval de Europa. Les sale más barato que si lo piden con su propio aval. **Ver HISPABONOS. Ver PROJECT BONDS.**

EUROORDEN. Mecanismo muy ágil acordado entre los estados miembros de la UE, por el que todos reconocen los tribunales de los demás países y, por tanto, su capacidad de ordenar una detención en cualquier punto de la UE, sin entrar en materia del asunto.
Comentario. O sea, yo quiero detener a XX. Tú, Francia, lo detienes. No te importa por qué. (Lo que no sé es si me lo mandas inmediatamente).

EUROPIGMEO. Término que acuñó *The Economist* para referirse a algunos candidatos al puesto de Presidente del Consejo Europeo. *("Sólo los conocen en Bélgica",* dicen.)

EUROPOL. Organismo europeo para la colaboración policial.

EUROSTAT. Oficina estadística de la UE.

EURO TIGERS. Países donde es más barato invertir que en Europa Occidental y en los que, con desembolsos menos significativos, se pueden alcanzar cuotas de mercado relevantes.

EUROVIÑETA. Canon al transporte pesado por el uso de las carreteras.

EUROZONA, ZONA EURO. Estados miembros de la UE que utilizan el euro.

EVENTO DE CRÉDITO. Lo que vulgarmente se llama una *quita*.

E-VERIFY. Programa de la Secretaría del Interior de USA que liga los datos de un pasaporte a una gran base de datos, con el fin de detectar personas relacionadas con el terrorismo, narcotráfico u otros delitos.

EWYK, EAT WHAT YOU KILL. Los ingresos de los profesionales que trabajan en un despacho *(lo que eat)* están basados en la facturación que cada uno trae *(lo que kills.)*

EXIT TAX. Tasa que grava las ganancias patrimoniales por un cambio de residencia fuera del país. Pretende desincentivar las salidas de capital.

EXPOSICIÓN DUDOSA. Morosidad.

EXTERNALIZACIÓN. Ver OUTSOURCING.

EXTIMIDAD. Eso que pasa ahora tanto, que algunos cuentan sus cosas más íntimas en la tele. (Es un concepto inventado por Antonio A. Casili, en su libro *"Les liaisons numeriques".*)

1. FAA
2. FACEBOOK
3. FACE PLANT
4. FACILIDAD DE DEPÓSITO
5. FACILIDAD PARA LA RESILIENCIA Y LA RECUPERACIÓN, EFF
6. FACILITADOR DE CRÉDITO.
7. FACILITY MANAGEMENT
8. FACTORES QUE INFLUYEN EN LA FIJACIÓN DE SALARIOS
9. FACTORING
10. FACTURA E
11. FACUA
12. FADE
13. FAIRNESS OPINION
14. FAIR PLAY FINANCIERO
15. FANNY MAE
16. FÁRMACO HUÉRFANO
17. FARMER
18. FASB
19. FASES PROCESALES
20. FFTH
21. FGD
22. FIJACIÓN VERTICAL DE PRECIOS
23. FINANCIACIÓN AUTONÓMICA
24. FINANCIALIZACIÓN
25. FINCEN
26. FLASH MOB
27. FLASH ROB
28. FLAT TAX
29. FLEXISEGURIDAD
30. FLIGHT TO QUALITY
31. FLIPPED CLASROOM
32. FLOATING
33. FMI
34. FOFISANO

35. FOLKSONOMY
36. FOLLOWER
37. FONDO BRIC
38. FONDO BUITRE
39. FONDO CONTRACÍCLICO
40. FONDO DE COMERCIO
41. FONDO DE COMERCIO FINANCIERO
42. FONDO DE CONTINGENCIA
43. FONDO DE GARANTÍA DE DEPÓSITOS EN ESTABLECIMIENTOS FINANCIEROS
44. FONDO ESPAÑOL DE CARBONO. V. PROTOCOLO DE KIOTO
45. FONDO EUROPEO DE RESCATE
46. FONDO DE LIQUIDEZ AUTONÓMICO
47. FONDO ÓMNIBUS
48. FONDO DE RESERVA DE LA SEGURIDAD SOCIAL
49. FONDOS CONCEPTO
50. FONDOS DE INVERSIÓN LIBRE. V. HEDGE FUNDS.
51. FONDOS SOBERANOS
52. FONDOS VAR (VALUE AT RISK)
53. FORMAS JURÍDICAS DE LA EMPRESA
54. FOOD TRUCKS
55. FOR AND FROM
56. FORDISMO
57. FORTRESS BRITAIN
58. FORWARD START FACILITY
59. FRAUDE POR AFINIDAD
60. FRAUDE CARRUSEL
61. FREAKONOMICS
62. FREDDIE MAC
63. FREE FLOAT
64. FREE FLOW
65. FREEMIUM
66. FREE RIDING
67. FRESHMAN 15
68. FROB
69. FRONT RUNNING
70. FRUIT PHILANTHROPIST

71. FTPYME
72. FUNCAS, FUNDACIÓN DE CAJAS DE AHORRO
73. FUNCIONARIOS
74. FUTUROS

FAA, FEDERAL AVIATION ADMINISTRATION.

FACEBOOK. Red social gratuita que permite la comunicación con amigos. Cualquiera se puede apuntar para interactuar. **Ver REDES SOCIALES.**

FACE PLANT. Lo que sucede cuando un "titán" de redes sociales sale a Bolsa y fracasa. (Facebook salió a Bolsa a 38 dólares y bajó a 31 en pocos días).

FACILIDAD DE DEPÓSITO. Una especie de hucha o cuenta remunerada que el BCE pone a disposición de las entidades financieras para que pongan su sobrante de efectivo a un día. .

Que los Bancos usen la facilidad de depósito quiere decir que prefieren obtener una menos rentabilidad por su dinero (0,25 %), a cambio de saber que está en buenas manos, antes que prestarlo a un interés superior a otras entidades financieras en el mercado interbancario. 17.12.08. SIGUEN SIN FIARSE UNOS DE OTROS. Julio 2010. SIGUEN IGUAL.

Para animarlos a que saquen el dinero y lo lancen a la economía, el BCE les ha puesto una "comisión de mantenimiento" de 0,4%.

FACILIDAD PARA LA RESILIENCIA Y LA RECUPERACIÓN, EFF. Instrumento principal del plan de recuperación europeo 2020.

FACILITADOR DE CRÉDITO. Asesor que mediará con la Banca para tratar de conseguir que ésta conceda créditos a las pymes y autónomos que previamente habían sido rechazados. Existe en Francia y, en diciembre

2009, la ministra Salgado ha anunciado que lo va pone en marcha en España.

FACILITY MANAGEMENT. Gestión de espacios e inmuebles en una empresa.

FACTORES QUE INFLUYEN EN LA FIJACIÓN DE SALARIOS. Ver REMUNERACIONES.

FACTORING. Financiación a través de la compra de facturas.

FACTURA e. Un nuevo formato preparado por la Agencia Tributaria y el Ministerio de Industria para la elaboración y transmisión de facturas por medios electrónicos.

FACUA. Organización de consumidores.

FADE, FONDO DE AMORTIZACIÓN DEL DÉFICIT ELÉCTRICO. Ver DÉFICIT DE TARIFA.

FAIRNESS OPINION. Opinión emitida por expertos, normalmente Bancos de Inversión, en relación con el precio a pagar en una operación de compraventa. Suele ser una carta, normalmente breve, en la que quien la emite manifiesta, utilizando determinados parámetros, que el precio propuesto para una transacción es un precio justo *("fair".)*

FAIR PLAY FINANCIERO. Conjunto de normas creadas por la UEFA en 2009 para limitar las pérdidas de los clubs de fútbol europeos. La principal norma es que los clubs solo pueden gastar hasta 5 millones de euros más de lo que ingresan.

<u>Febrero 2019</u>. La UEFA decide excluir al Manchester City de las dos próximas ediciones de competiciones europeas y multarle con 30 millones de euros por saltarse el ´fair play´.

FANNY MAE. (Ver FREDDIE MAC Y CMHC, CANADA MORTGAGE AND HOUSING CORPORATION.) Organismo público cuyo objetivo es estabilizar la situación de los mercados financieros y de la vivienda. Existe en España uno parecido, el **FTPYME**, promovido por el Ministerio de Economía, que compra préstamos concedidos por entidades de crédito a pymes. Me parece que esos préstamos se "empaquetan" y se venden como bonos. La ventaja para el que compra los bonos es que están avalados por el Estado.
<u>Comentario:</u> *al vecino de San Quirico tampoco le gusta esta idea. Es un caprichoso.*
<u>12.7.08</u>. Fanny Mae y Freddie Mac están muy mal.
<u>28.8.08.</u> Han conseguido dinero, a base de hacer emisiones de deuda. Lo que pasa es que para que la gente las compre, han tenido que ofrecer intereses altos. De todos modos, Standard & Poor´s les ha rebajado el rating.

FÁRMACO HUÉRFANO. Compuestos con valor terapéutico en el tratamiento de enfermedades poco frecuentes.

FARMER. El ejecutivo que es más de despacho que de salir a la calle. **Ver HUNTER.**

FASB. Ver NORMAS CONTABLES

FASES PROCESALES
Imputado, ahora investigado. Persona bajo sospecha.
Procesado. Existen indicios sólidos.

Condenado. Hay pruebas de culpa.

FFTH. Red de fibra óptica hasta el hogar.

FGD, FONDO DE GARANTÍA DE DEPÓSITOS. Organismo que administra los recursos con los que los Bancos, las Cajas y las Cooperativas de Crédito protegen los ahorros que les han sido confiados. Hay un FGD por cada tipo de entidad. En el caso de que una de ellas se declare insolvente, los recursos de su respectivo FGD se utilizan para devolver a los clientes sus ahorros, o al menos, parte de ellos. **Ver FROB.**
2011. Se han unificado los 3 fondos en el Fondo unificado de depósitos de entidades de crédito, al que cada entidad aporta un máximo del 2 por mil de los saldos. El nuevo Fondo garantiza los depósitos en una cuenta máxima de 100.000 euros por cliente y entidad.

FIJACIÓN VERTICAL DE PRECIOS. El fabricante obliga a las tiendas en las que se vende su producto a fijar un precio de venta al público.
La CNC (Comisión Nacional de la Competencia) ha impuesto una multa de 90.000 € a Aguas de Mondariz por esta razón.

FINANCIACIÓN AUTONÓMICA EN ESPAÑA. Se rige por dos principios:

FINANCIACIÓN MEZZANINE. Cuando el nivel de endeudamiento exigido para realizar una adquisición excede los límites de la financiación tradicional *(financiación "senior")*, se busca la financiación *"mezzanine"*. Esta financiación está subordinada a la *"senior"* correspondiente, o sea, el crédito *"senior"* tiene prelación en su amortización sobre el *"mezzanine"* subordinado a él. En cuanto a su amortización, suele tener fecha posterior a la del *"senior"* al que está subordinado.

FINNING (ALETEO). Práctica que consiste en seccionar las aletas del tiburón cuando está vivo para, acto seguido, devolverlo mutilado al mar, donde muere desangrado e incapaz de nadar. La aleta de tiburón es un plato chino, que antes se consumía mucho y, por lo que se ve, ahora también.

FINANCIALIZACIÓN. Shift in bank function from lending to trading.

FinCEN, FINANCIAL CRIMES ENFORCEMENTE NETWORK. Agencia del Departamento del Tesoro americano que almacena y analiza información sobre transacciones financieras para luchar contra los delitos.

FLASH MOB. Personas convocadas en un lugar para realizar una actuación artística, que luego se cuelga en YouTube.

FLASH ROB. Lo mismo, pero se reúnen para robar, intimidar y destruir. No sé si lo luego lo cuelgan en YouTube.

FLAT TAX. Tipo impositivo fijo y bajo.

FLEXISEGURIDAD. Sistema danés que estriba en mantener la Seguridad Social, pero flexibilizar el mercado de trabajo. El seguro de desempleo es alto. Llega hasta el 90 % del último salario y se cobra desde el primer día sin trabajo. A las pocas semanas, el desempleado empieza a recibir invitaciones para que participe en programas de *"activación"*, que pueden incluir desde cursos de formación profesional hasta asistencia en la búsqueda de una nueva colocación. Si el desempleado no los acepta, el seguro de paro cae rápidamente hasta los escalones más bajos de la Seguridad Social, que a menudo apenas alcanzan para cubrir las necesidades básicas.

FLIGHT TO QUALITY. Vuelo hacia los activos de calidad. Lo que hacemos todos si vemos que las acciones que tenemos no nos dan mucho dividendo: cambiamos a otras que sí que nos lo den.

FLIPPED CLASSROOM. Método de enseñanza en el que los alumnos ven vídeos en casa y luego los trabajan en clase. Dicen que es *un sistema para generar interacción*.

FLOATING. Eso que nos pasa cuando damos por Internet o como sea una orden a nuestro Banco para que haga una transferencia y, en ese preciso momento, nos cargan esa cantidad, que, sin embargo, no llega al destinatario hasta 1 o 2 días después. El *floating* es ese espacio de tiempo en el que no sabemos dónde está el dinero, porque nosotros ya no lo tenemos y el que lo tenía que recibir no lo ha recibido.

FMI. Fondo Monetario Internacional.

FOFISANO. Mayo 2015. La tendencia estética masculina de moda, constituyendo una nueva corriente que arrasa en redes sociales. Los cuerpos esculturales son cosas del pasado y ahora triunfan los hombres con saludable barriga cervecera.

FOLKSONOMY. Ver TAGGING.

FOLLOWER, SEGUIDOR. Ver TWITTER.

FONDO BRIC. Fondo que invierte en empresas de los mercados emergentes: Brasil, Rusia, India y China.

FONDOS BUITRE. (Ver DISTRESSED FUNDS Y VULTURE FUNDS). Fondos especializados en comprar a bajo precio empresas en dificultades. Hacen duros procesos de reestructuración y las venden después con plusvalías.

FONDO CONTRACÍCLICO. Consiste en ahorrar cuando los precios de lo que exportamos suben, para cuando bajen. *Puro sentido común.*

FONDO DE COMERCIO. Diferencia entre el valor de mercado de un Activo y el precio pagado por él.

FONDO DE COMERCIO FINANCIERO. Diferencia entre el valor de compra de una empresa y el valor contable de la empresa comprada, corregida con las actualizaciones a valor de mercado. Supongo que esto último se refiere a que si yo compro por 100 una empresa cuyo valor contable es 10, pago 90 por el *"Fondo de comercio financiero (FCF)"*. Si un año después, la Bolsa baja y la empresa vale 80, el FCF baja a 80-10=70. Esto tiene importancia porque las empresas españolas pueden deducirse de su base imponible las amortizaciones del FCF. Esta ventaja fiscal ha afectado hace poco a Telefónica, que pagó 26.100 millones de euros por O2, y a Santander por la compra de Abbey.

FONDO DE CONTINGENCIA. Remanente que deja el Gobierno para asuntos no incluidos en los Presupuestos Generales.

FONDO DE GARANTÍA DE DEPÓSITOS EN ESTABLECIMIENTOS FINANCIEROS. El que ha resultado de la fusión de los tres Fondos de Garantía: el de los bancos, el de las cajas y el de las cooperativas de crédito. En enero 2012, la fusión de los tres fondos suma 6.528 M €.

FONDO ESPAÑOL DE CARBONO. Ver PROTOCOLO DE KIOTO.

FONDO EUROPEO DE RESCATE. Asegura la deuda contraída por los países antes de 2013.

FONDO DE LIQUIDEZ AUTONÓMICO. Se dotará con:
8.000 € de crédito de un grupo de bancos
6.000 de un crédito que dará Loterías del Estado
4.000 de las emisiones de deuda del Estado, que emitirá a partir de 2013 la deuda de las CCAA que se adhieran, con condiciones estrictas

Total: 18.000 M

Cataluña ha pedido	5.023
La Comunidad Valenciana,	4.500
Disponible en septiembre 2011	8.477

FONDO ÓMNIBUS. Fondo en el que las aportaciones de los inversores no son nominales. La participación no está a nombre del inversor A, sino de la cuenta XYZ. Así, cuando el gestor del Fondo vende o compra participaciones para un inversor, no tiene que dar los datos de la persona, sino de la cuenta.

FONDO DE RESERVA DE LA SEGURIDAD SOCIAL. Hucha en la que el Gobierno mete ahorros para cubrir las pensiones, si alguna vez las cosas se estropean

mucho. El 8.2.08, el Gobierno aprobó una aportación de 4.500 millones de €, con lo que en el Fondo ahora hay 50.890,43 millones, suficientes para cubrir la nómina de los pensionistas durante nueve meses. Esta cantidad están invertida en:
Deuda Pública de España: 51 %
Deuda Pública de Alemania, Francia y Países Bajos: 49 %
Lo del 51 % en Deuda Pública española quiere decir que la familia ha ahorrado unos euros y se los ha prestado al cabeza de familia, por un interés fijo.
En el caso de la Deuda Pública de Alemania, Francia y Países Bajos quiere decir que la familia ha ahorrado y se lo ha prestado a unos amigos de los que se fía, que también le pagan intereses.

Ver mi libro *"La Crisis Ninja y otros misterios de la economía actual"* sobre las tentaciones que da este Fondo, al que se ha vuelto a referir José Mª Fidalgo, de CCOO, el 1.7.08, más o menos.
Junio 2011. Más tentaciones: Dice Valeriano Gómez, Ministro de Trabajo: "Con la ley en la mano, no hay nada que impida que el Fondo de Reserva de la Seguridad Social invierta parte de su capital en deuda autonómica".
Comentario: cuando se me pasen los escalofríos, diré algo.

FONDOS CONCEPTO. Fondos de Inversión de distintas características. Por ejemplo:
- Fondos con carteras concentradas. Pocos valores, pero muy atractivos.
- Fondos apalancados. Invierten todo en renta variable. Para inversores intrépidos.
- Fondos de beneficios. Fondos que invierten sólo en valores de crecimiento fuerte.

- Fondos BRICT (Brasil, Rusia, India, China, Turquía.) Para los que tengan confianza en esas posibles futuras potencias.
- Fondos dividendo. Fondos que invierten en valores de alto dividendo.

FONDOS DE INVERSIÓN LIBRE. Ver HEDGE FUNDS.

FONDOS SOBERANOS. Ver mi libro *"La Crisis Ninja y otros misterios de la economía actual"*

FONDOS VAR (VALUE AT RISK.) Fondos de Inversión en los que el nivel de riesgo está acotado y es conocido de antemano por el inversor. Por ejemplo, un Fondo VAR 2 escogerá valores con los que, si las cosas van mal, el inversor no perderá más de un 2 % de la inversión.

FORMA JURÍDICA DE LA EMPRESA. Tipos de Sociedad:

EMPRESARIO INDIVIDUAL

Sin trámites previos para constituirse como empresario.

Se tributa a través del Impuesto de la Renta de las Personas Físicas (IRPF.)

El Empresario responde de las deudas con todos sus bienes.

SOCIEDAD ANÓNIMA (S.A.)

El Capital Social se divide en acciones que pueden ser transmitidas libremente.

Los socios no responden personalmente de las deudas frente a terceros.

El Capital mínimo exigido por la Ley es de 60.102 €.

El Capital Social tiene que estar íntegramente suscrito y desembolsado antes de su constitución.

SOCIEDAD LIMITADA (S.L.)

El Capital Social no puede ser inferior a 3.006 €.

Los socios no responden personalmente de las deudas con sus bienes personales.

El Capital Social debe estar desembolsado íntegramente desde el origen de la Sociedad.

La transmisión de las participaciones sociales *(aquí son participaciones, no acciones)* no puede realizarse libremente. ESTO LO TENGO QUE CONSULTAR.

SOCIEDAD LIMITADA NUEVA EMPRESA (S.L.N.E.)

Régimen Societario más sencillo *(NO SÉ EN QUÉ CONSISTE LA SENCILLEZ)* y reducción del tiempo necesario para su constitución.

El Capital Social no puede ser superior a 120.202 €, y el número de socios iniciales está limitado a 5.

SOCIEDAD LABORAL (S.A.L.)

El Capital Social pertenece a los trabajadores.

Ninguno de los socios podrá poseer acciones que representen más de la tercera parte del total.

SOCIEDAD COLECTIVA

Los socios intervienen directamente en la gestión de la Compañía.

No es obligatorio auditar las Cuentas anuales ni depositarlas en el Registro Mercantil.

Los socios responden de forma personal, ilimitada y solidariamente de las deudas.

SOCIEDAD COMANDITARIA

Los socios comanditarios no responden personalmente de las deudas.

Los socios colectivos responden de forma ilimitada de las deudas.

TENGO QUE ACLARAR QUÉ DIFERENCIA HAY ENTRE UNOS SOCIOS Y OTROS.

SOCIEDAD COOPERATIVA

El objeto es facilitar a los socios determinados bienes al precio mínimo posible o retribuir sus prestaciones al máximo posible.

Los resultados económicos de la Sociedad se imputan a los socios después de atender los fondos comunitarios.

FOOD TRUCKS. Camiones de comida gourmet que se han convertido en un fenómeno en USA. Supongo que vas allí, compras lo que quieres y cenas en casa a lo elegante.

FOR AND FROM. Proyecto iniciado por Inditex por el que personas con discapacidad gestionan sus propios establecimientos.

FORDISMO. Sistema ideado por Henry Ford en 1932 cuando subió el sueldo a sus obreros de 3 dólares/día a 5. Ford lo veía como un medio para que los obreros pudieran comprar coches. **Ver BENEVOLENT MANUFACTURING STATE.**

FORTRESS BRITAIN. Plan del primer ministro inglés Gordon Brown para establecer medidas de seguridad importantes en lugares públicos.

FORWARD START FACILITY. Aplazamiento del pago de una deuda.

FRAUDE POR AFINIDAD. Según la SEC americana, fraude en el que las víctimas son miembros de grupos identificables, como comunidades religiosas o étnicas, personas mayores o grupos profesionales.

FRAUDE CARRUSEL. El que han realizado empresas que negocian derechos de CO_2. Consiste en:
Una compañía de un país europeo compra cupos de emisiones en otro país europeo.
La operación está exenta de IVA, porque la legislación europea exime del pago del IVA a las empresas que realizan transacciones intracomunitarias.
La compañía que ha comprado sin IVA vende esas cuotas a empresas de su propio país, con IVA, y luego, se queda con el IVA.

Diciembre 2009. Dicen que el fraude asciende a 5.000 M €.

FREAKONOMICS. Título de un libro de Steven Levitt y Stephen Dubner, escrito en 2005, en el que se describe cómo usar las técnicas económicas para entender otros fenómenos, que, en principio, parece que no tienen nada que ver con la economía.

FREAKY (PARA LOS AMIGOS, FRIKI). Negocio que utiliza un tipo de marketing diferente que sólo es adecuado para esa situación. Por ejemplo, el lanzamiento de Rodolfo Chikilicuatre para el Festival de Eurovisión, basado en comunidades de Internet.

FREDDIE MAC. Ver FANNY MAE.

FREE FLOAT. Porcentaje del Capital que cotiza en el mercado.

FREE FLOW. Ver OASIS.

FREEMIUM. Modelo híbrido de prensa online, que mezcla información generalista en abierto (o sea, gratis) con otra especializada, por la que hay que pagar.

FREE RIDING. "Que inventen otros, que yo copiaré sin esfuerzo", según Enrique Dans, en Expansión, 19.10.12

FRESHMAN 15. 15 son las libras que ganan de peso los freshmen (los novatos) en el primer año de carrera.

FROB, FONDO DE REESTRUCTURACIÓN ORDENADA BANCARIA. Puesto en marcha por el Gobernador del Banco de España, Miguel Ángel Fernández Ordóñez y la ministra de Economía, Elena Salgado, en noviembre de 2009. Objetivo: reforzar la solvencia de las entidades financieras que piden su ayuda. En caso de graves problemas de solvencia, interviene el FROB. El Banco de España sustituye a los administradores de la entidad financiera y obliga a esa entidad a que se fusione con otra o ceda total o parcialmente sus activos.

FROB voluntario. El FROB prestará también dinero a las entidades que presenten planes para integrarse de forma voluntaria. El Banco de España tendrá que aprobar y controlar los planes.

El Banco de España dominará el gobierno del FROB.

Inicialmente, el FROB nace con una dotación de 9.000 millones, de los que dos terceras partes (6.000) serán fondos públicos y el resto saldrá de los fondos de garantía de las entidades. (Supongo que de las reservas.)

Se le permitirá endeudarse hasta tres veces su capital, pero si el Ministerio de Economía lo autoriza, podría endeudarse hasta 10 veces. Es decir, estos señores pueden arreglar cosas por valor de 90.000 millones, que son bastantes.

6.2.11. Se le inyectan 6.000 M €, con lo que va a contar a partir de ahora con 15.000 M. Se podrá endeudar hasta seis veces su dotación. O sea, seguimos con los 90.000 M €. Me parece que a esto le llaman el **FROB 2** y al anterior, el **FROB 1**.

¿De dónde salen los Fondos públicos?: de los fondos no utilizados del **Fondo de Adquisición de Activos financieros (FAAF),** puesto en marcha por el Gobierno en octubre 08 para dar liquidez a las entidades que lo necesitasen. (Por eso, siempre digo que las cantidades que se barajan no son sumables, porque, a veces, están repetidas.)

5.9.09. Se fusionan las Cajas de Terrassa, Sabadell, Manlleu y Girona, que formarán la 8ª Caja española, con unos activos de 43.500 millones. Pedirán 500 millones de euros al FROB, reducirán la plantilla total en 560 empleados (de un total de 4.946, o sea, el 11.32 %), si pueden con prejubilaciones, y cerrarán 250 oficinas, de un total de 1.000, o sea, el 25%.

FRONT RUNNING. Ver CREADORES DE MERCADO.

FRUIT PHILANTHROPIST. Voluntario que recoge los excedentes de fruta para donarlos a centros benéficos.

FTPYME. V. FANNY MAE.

FUNCAS, Fundación de Cajas de Ahorro

FUNCIONARIOS. Como siempre se dice que los funcionarios tienen la culpa de todo, pongo a continuación los datos que publica *La Vanguardia* el 9.12.10:

Administración pública estatal:

General del Estado	241.152
Cuerpos de seguridad	137.087
Fuerzas armadas	132.486
Administración de Justicia	23.968
Organismos públicos	56.866
TOTAL	591.559

Administraciones de las Comunidades Autónomas:

Consejerías	246.321
Docencia no universitaria	549.171
Instituciones sanitarias	490.351
Administración de Justicia	37.789
Fuerzas de seguridad	24.860
TOTAL	1.348.492

Administración local:

Ayuntamientos	580.869
Diputaciones y Consejos Insulares	77.036

TOTAL 657.905

Universidades: 100.672

TOTAL, FUNCIONARIOS: 2.698.628

FUTUROS. Ver DERIVADOS.

1. G-14
2. G-20
3. G-30
4. GAAP
5. GAMER
6. GARANTÍA DE INDEMNIDAD
7. GARDEN LEAVE
8. GASOLINA, ESQUEMA DE PRECIOS
9. GATE-KEEPERS
10. GAV
11. GEEKS
12. GEEKS ON A PLANE
13. GENERACIÓN BOLLICAO

14. GENERACIÓN NEET
15. GENERACIÓN NERD
16. GENERACIÓN NINI
17. GENERACIÓN WE
18. GENTRIFICATION
19. GNL
20. GEOCACHING
21. GEOMETRÍA VARIABLE
22. GERRYMANDERING
23. GESTOR DE RIESGOS
24. GIG ECONOMY
25. GIGONOMICS
26. GLAMPING
27. GLASS STEAGALL
28. GLITCH
29. GLOBISH
30. GLOCAL
31. GNL
32. GOLDEN SHARE
33. GOLDILOCKS
34. GOOGLE
35. GOOGLE ZEITGEIST
36. GRAN RIESGO
37. GRANULARIDAD
38. GNH
39. GOBERNANZA
40. GPP
41. GPS
42. GREEKMENT
43. GREENHOUSE GASES
44. GREXIT
45. GROWTH HACKING
46. GRP
47. GRUPO DE ALBURQUERQUE
48. GRUPO DE VISEGRAD
49. GRUPO 5 + 1
50. GSMA

G-14. Grupo que forman las 14 inmobiliarias más importantes de España.

G-20. Grupo de los países más ricos y de las principales economías emergentes del mundo.

G-30. Club privado de banqueros al que pertenecen Draghi, presidente del BCE, los gobernadores de los bancos centrales de Inglaterra, Japón o China, altos cargos de entidades privadas como UBS, Crédit Suisse o JPMorgan, y académicos como Paul Krugman.

GAAP. V. NORMAS CONTABLES

GAMER. Fármacos para doparse jugando a videojuegos.
Comentario: ¡¡??!!

GARANTÍA DE INDEMNIDAD. Un alto directivo no puede ser sancionado, despedido o perjudicado en sus intereses como respuesta a una acción judicial que haya entablado contra su empresa.

GARDEN LEAVE. Período por el que una persona se compromete a no hacer la competencia a la empresa de la que se fue.

GASOLINA, ESQUEMA DE PRECIOS. 9.5.11
Según la Confederación Española de Empresarios de Estaciones de Servicio, el esquema es:
    Precio de venta al público
    100
    Coste del combustible   -
53,1
    Margen Bruto
46,9

Céntimo sanitario, IVA, impuestos especiales - 43,4

Beneficio estación de servicio 3,5

GATE-KEEPERS. Profesionales que previenen el fraude en las empresas, como los analistas, los auditores, las agencias de calificación y la prensa independiente.

GAV. Gross Asset Value. Valor tasado de los inmuebles de una empresa inmobiliaria. **(Ver NAV.)**

GEEKS. Los que pregonan su pasión por las tecnologías de la información mediante adhesivos. Algunos los ponen en las matrículas de sus coches, con nombres como Google, por ejemplo. (A estas matrículas les llaman **VANITY PLATES.)**

GEEKS ON A PLANE. Fletar un avión con personalidades del sector tecnológico de Silicon Valley, mostrarles las oportunidades de negocio en un determinado país y llevarlos de vuelta a casa en el mismo día.

GENERACIÓN BOLLICAO. Me parece que llaman así a los Ministros alemanes jóvenes.

GENERACIÓN NEET (NOT EMPLOYMENT, EDUCATION OR TRAINING).

GENERACIÓN NERD. Resumen: el guay es el "empollón gafotas". Tres características:
- Internet. A través de Google descubres que no eres el único nerd del universo, que hay más como tú.
- Aparecen en los guiones de las series de TV más modernas.

- Moda:
    - Camisas abrochadas hasta arriba
    - Bermudas
    - Corbatitas
    - Chaquetas de punto
    - Gafas

GENERACIÓN NINI (NI ESTUDIAS NI TRABAJAS). Más o menos, lo mismo que la GENERACIÓN NEET.

GENERACIÓN WE. Generación de 0 a 10 años, con un poder de compra estimado en más de 18.000 M $. Utilizan móvil a los 5 años, quieren TV interactiva, llevan MP3, etc.

GENERACIÓN Y. Generación, nacida entre 1982 y 1993, a la que, según Deloitte, le interesa:
- Permitir descubrir a cada uno el sentido de su trabajo
- Tener contacto con mentores en la empresa
- Un entorno laboral rodeado de las últimas tecnologías (o sea, son Tekis. Han crecido entre ordenadores y móviles y no entienden el mundo sin ellos.)
- Un mayor equilibrio entre trabajo y vida personal

Hay quien añade que los de la Generación Y son:
- Flexibles: prefieren el trabajo en grupo y las estructuras horizontales, informales y flexibles.
- Poco leales: para ellos no existe la fidelidad eterna a una empresa

GENTRIFICATION. Según Jaume V. Aroca, en La Vanguardia, *"sustitución de una población por otra por la vía de la reconversión urbana y económica"*. Por ejemplo, en Barcelona, se hizo la Villa Olímpica. Los edificios luego se vendieron a personas de nivel más alto que las que antes ocupaban el barrio, se abrieron tiendas, cines, restaurantes y aquel barrio cambió. En ese caso, los Juegos Olímpicos fueron el **DINAMIZADOR SOCIAL.** A veces se acierta y a veces, no. (Como todo en la vida.)

GEOCACHING. (De Geo, geografía y caching, de buscar un *cache*, objeto escondido.) *"Cazatesoros"* que recorren el mundo en busca de cajas misteriosas, con la ayuda de un GPS y unas coordenadas. Los *"tesoros"* pueden estar escondidos en las ciudades, pero la mayoría se encuentran en plena naturaleza.
3 reglas:
si se coge algo del *cache* hay que dejar otra cosa del mismo valor;
hay que firmar en el libro que hay al lado del *cache*, dejando constancia de quién lo ha descubierto;
cada aventura debe relatarse en la web de **geocaching.**

GEOMETRÍA VARIABLE. Compra de votos de partidos ideológicamente opuestos para sacar adelante algo que le interesa al partido *"comprador"*.

Comentario: ¡Qué cosas pasan!

*Otro comentario de agosto 2011. En plenas negociaciones para conseguir acuerdos PP-Ciudadanos-etc, me imagino la cantidad de **geometría variable** que debe haber estos días.*

Otra definición que suena mejor: Gobierno que permanentemente necesita apoyos parlamentarios para gobernar.

GERRYMANDERING. Grosera modificación de normas electorales para salvar el puesto. (Enric Juliana, en *La Vanguardia* de 8.4.15).

Agosto 2011. El PSOE quiere modificar la ley electoral de modo que no haya que votar el día de Navidad.

GESTOR DE RIESGOS. Ejecutivo cuya labor consiste en mantener a salvo de los vaivenes negativos del mercado la actividad de su Compañía. Los Gestores de Riesgos de Ryanair se protegieron de la futura subida del crudo. En el primer semestre de 2006, Ryanair pagó el 75 % de su consumo de crudo a 47 dólares por barril.

GIG ECONOMY. Gente que se gana la vida llevando a otros del aeropuerto a sus casas, entregando comida, diseñando logos para empresas en el otro lado del mundo, llamando a primera hora a Amazon para ver si tienen paquetes para entregar...Junio 2020. Hay una enorme competencia.

OTRA DEFINICIÓN:

GIG. Profesional que colabora a corto plazo en empresas mediante contratos para hacer proyectos concretos. Dicen que esto da lugar a la sociedad **GIGONOMICS.**

Comentario: He estado haciendo de GIG durante muchos años sin saberlo.

GLAMPING (GLAMOUR + CAMPING). Camping de lujo.

GLASS STEAGALL. Ley de la era Roosevelt (1933) que forzaba el desmantelamiento de Bancos gigantes. Ahora (2010), la enmienda **BROWN-KAUFMAN** proponía lo mismo, pero ha sido derrotada. **Ver DODD & FRANK.**

GLITCH. Tendencia a repetir la misma frase en un discurso.

GLOBISH. Chapurreo de inglés (Globalization + English) con el que se entienden los que no son ingleses.

GLOCAL. Adjetivo inventado para indicar que, en un mundo globalizado, la cercanía sigue siendo clave para la confianza del público en las Instituciones.

GNL. Gas natural licuado.

GOLDEN SHARE (ACTION SPECIFIQUE) (ACCIÓN DE ORO). Acciones en poder del Estado que le dan voto de calidad *(veto)* en decisiones estratégicas. *They allow governments to block takeovers of companies formerly owned by the state*

GOLDILOCKS. Escenario ideal, con:
- Baja inflación
- Bajos intereses
- Mucha liquidez
- Fuerte crecimiento

GOOGLE. Mecanismo de búsqueda en la Red. En EEUU, el término *google* se ha empezado a utilizar como verbo, para describir la acción de utilizar el buscador para indagar antecedentes de una persona o cosa. Viene de *googol*, término que inventó en 1938 un chaval de 9 años, sobrino del matemático Edward Krasner, para referirse a un 1 seguido por 100 ceros.

GOOGLE ZEITGEIST. Un informe que hace Google a final de año sobre las búsquedas más realizadas durante ese año.

GRAN RIESGO. El de un Banco cuando los créditos concedidos a un cliente superan el 10 % de los recursos propios del Banco. *(Definición del Banco de España en la Circular de aplicación de las nuevas Normas Internacionales de Contabilidad, NIC.)*

GRANULARIDAD. Atención al detalle, que se da fundamentalmente en las pequeñas y medianas empresas, dado que los máximos responsables, normalmente propietarios de la empresa, bajan al detalle y dirigen y controlan todas las decisiones. *Lucy Kellaway*, en un artículo reciente en el *Financial Times*, recomienda la implantación de este concepto en las grandes organizaciones.

GNH, GROSS NATIONAL HAPPINESS. Término acuñado por el Rey de Bhutan, que pretende medir, no sólo la riqueza, sino, además, el grado de satisfacción, el nivel de salud, de educación y de entorno saludable y la fuerza de su cultura.

GOBERNANZA. Capacidad política de hacer funcionar un país eficientemente, tanto desde el punto de vista económico como del social y político.

GPP, GESTORAS DE PREVISIÓN Y PENSIONES. V. PLAN DE JUBILACIÓN DE FUNCIONARIOS.

GPS, GLOBAL POSITIONING SYSTEM. Lo que llevamos en el coche para no perdernos se apoya en 24 satélites que orbitan a 19.000 Km. de altura sobre la tierra y que son capaces de señalar dónde estás con una aproximación de 10 metros o menos.

GREEKMENT. Acuerdo con Grecia.

GREENHOUSE GASES. Emisiones de gases producidas por fábricas, plantas eléctricas y transporte. Contribuyen al calentamiento global.

GREXIT. Posible salida de Grecia de la UE. Se barajó esta posibilidad en 2014, 2015.

GROWTH HACKING. Estrategia que busca llegar al máximo número de personas con los mínimos recursos.

GRP (GROSS RATING POINT.) Indicador de la presión publicitaria de una campaña, que relaciona el porcentaje de público objetivo que ha visto un anuncio con el número de veces que éste se emite.

GRUPO DE ALBURQUERQUE. Los doce primeros empleados que tuvo Microsoft.

GRUPO DE VISEGRAD. Polonia, República Checa, Hungría, Eslovaquia. Exigen una redefinición de Europa, con retorno de competencias a los Estados.

GRUPO 5 + 1. Formado por Estados Unidos, Reino Unido, Alemania, Francia, Rusia y China.

GSMA, patronal de los móviles que organiza el **Mobile World Congress, MWC**

1. HACKER
2. HANDLING
3. HAIRCUT
4. HAT TRICK
5. HEDGE FUNDS.
6. HELGYFELL
7. HELICÓPTERO
8. HERD IMMUNITY
9. HERENCIA INTESTADA
10. HIDDEN CHAMPIONS
11. HIKIKOMORI
12. HINDSIGHT BIAS, SESGO RETROSPECTIVO
13. HIPOTECA INVERSA
14. HIPOTECA MULTIDIVISA
15. HIPOTECA PRIME
16. HIPOTECA SUBPRIME
17. HIRAME
18. HISPABONOS
19. HITMAN
20. HOAX
21. HOMBRE DE BAJO IMPACTO
22. HOMEGROWN TERRORISM
23. HOME ZONE
24. HOTELES BURBUJA
25. HOTSPOT
26. HOUSING AFFORDABILITY RATIO
27. HUB
28. HUCHA DE PENSIONES
29. HUELLA DE CARBONO
30. HUELLA ECOLÓGICA
31. HUELLA HÍDRICA
32. HUERTO SOLAR
33. HUNTER

HACKER. Persona que busca *"puertas traseras"* que nadie más conoce, para colarse en un PC o en un servidor.

HANDLING. Servicios en tierra para las líneas aéreas.

HAIRCUT (CORTE DE PELO). Manera sofisticada de llamar a la quita en una suspensión de pagos.

HAT TRICK. Tres goles marcados por un jugador en un partido de fútbol. **NATURAL HAT TRICK.** Cuatro goles.

HEDGE FUNDS. Fondos que utilizan el endeudamiento para tomar posiciones financieras agresivas. Pueden ganar dinero (y, por supuesto, también perderlo) aún en mercados a la baja. También son llamados **FONDOS DE INVERSIÓN LIBRE**. También se les puede definir como *"fondos muy especulativos basados en el apalancamiento"*.

HELGYFELLA. En Noruega, beber como cosacos durante el fin de semana.

HELICÓPTERO, ACTIVAR EL. Echar dinero a la economía. <u>Abril 2020.</u> En USA, programa de préstamos a muy bajo interés para las pymes y ayuda a las familias por $1,8 B. Dará para aguantar 2-3 meses.

HERD IMMUNITY. V. INMUNIDAD DE REBAÑO.

HERENCIA INTESTADA. Según el Código Civil de Catalunya, este tipo de herencia se aplica en el caso de fallecimiento de una persona sin testamento válido ni familia dentro del cuarto grado de sanguinidad. Si nadie reclama la herencia, se buscan los posibles herederos.Si no se encuentran,

Se constituye el **perímetro de la herencia,** o sea, se averigua qué bienes forman el legado del fallecido. Dichos bienes pasan a la Generalitat de Catalunya, que debe dedicar los bienes heredados, o su valor, a establecimientos de asistencia social o a instituciones de cultura.

HIDDEN CHAMPIONS. Empresas de dimensión mediana o incluso relativamente pequeña, que, gracias a su calidad, a su creatividad y a su capacidad de innovación, funcionan bien.

HIKIKOMORI. (Significa *"encerrarse en sí mismo".*) En castellano, **TRASTORNO DE ENCIERRO.** Rechazo a la escuela, al trabajo y, en general, a la asunción de cualquier responsabilidad de adulto.

HINDSIGHT BIAS, SESGO RETROSPECTIVO. Nuestra inclinación a considerar a posteriori como mucho más previsibles cosas que han pasado. Es lo de *"se veía venir"* (lo que pasa es que eso es lo que nos parece ahora. Realmente, *"no se veía".)*

HIPOTECA INVERSA. Préstamo hipotecario para personas mayores de 65 años, por el que una entidad financiera paga una renta vitalicia con la vivienda como garantía. La renta depende del valor de la vivienda y de la edad del que hipoteca. A mayor valor y más edad, más renta. No hay que amortizar el dinero prestado en cuotas mensuales. Los herederos son los encargados de liquidar la deuda. Sus opciones son:

Vender la vivienda, pagar la deuda y quedarse con la diferencia
Quedarse con la hipoteca
Suscribir una nueva hipoteca
Liquidar la deuda para quedarse con la propiedad

HIPOTECA MULTIDIVISA. Contratada en monedas diferentes del euro. A lo largo del período de amortización se puede cambiar de moneda de pago, según las fluctuaciones en los mercados.

HIPOTECA PRIME. Ver mi libro *"La Crisis Ninja y otros misterios de la economía actual"*

HIPOTECA SUBPRIME. Ver mi libro *"La Crisis Ninja y otros misterios de la economía actual"*

HIRAME. Octubre 2010. Según Pedro Navarrete, que entonces era presidente de Sony en España, así se llaman en japonés las empresas muy jerarquizadas, en las que todos miran hacia arriba. *Hirame* es el nombre japonés del lenguado, que nada así.

HISPABONOS. Las Comunidades Autónomas piden prestado dinero con el aval del Estado. Les sale más barato que si lo piden con su propio aval. **Ver EUROBONOS.**

HITMAN. Asesino contratado para cargarse a alguien. También se le llama **SICARIO.**

HOAX. Bulo. Se suele utilizar para dar nombre a los mensajes que llegan por Internet, amenazando con sucesos terribles que van a suceder. *(El día en que el mensaje no sea un HOAX, sino que sea real, saltaremos por los aires.)*

HOMBRE DE BAJO IMPACTO. Junio 09. Un señor belga que ha decidido llevar una vida lo más ecológica posible y reducir al mínimo su huella de CO_2. Para ello utiliza energías limpias y se desplaza siempre en bicicleta.

HOMEGROWN TERRORISM. Terrorismo nativo: ciudadanos americanos o europeos involucrados en redes islámicas o terroristas.

HOME ZONE. El móvil adopta unas tarifas similares a las del teléfono fijo cuando el usuario entra en su casa, o, al menos, en un radio cercano. Esas llamadas son más baratas. Febrero 08. Lo lanza Vodafone para *"arrebatar centenares de miles de clientes a Telefónica". (No sé si lo consiguió).*

HOTELES BURBUJA. Hoteles low cost.

HOTSPOT. Punto de acceso inalámbrico a Internet.

HOUSING AFFORDABILITY RATIO. Años que le cuesta a una persona pagar con su sueldo la casa que se ha comprado. 22.3.10. En China, es 20 (tiene que trabajar 20 años para pagar su casa. Si, además, quiere comer, la cosa se estropea.) En Estados Unidos, el ratio más alto es de 8,2 en Honolulu. En España, no lo sé.

HUB. En las líneas aéreas, aeropuerto donde convergen y del que salen los vuelos. En el negocio del gas, Enagás quiere que España sea el hub, o sea, el punto donde converja el gas procedente de África y Sudamérica, para redistribuirlo desde aquí al resto de Europa.

HUCHA DE PENSIONES. Colchón ahorrado por el Sistema de Pensiones y que cada año se alimenta con cargo a los Presupuestos Generales del Estado. En Julio 2010, hay más de 60.000 millones de euros.
Si las cosas van mal, la partida de los Presupuestos baja y el colchón se hace más fino.
Otro punto que hay que vigilar es la relación entre el número de afiliados a la Seguridad Social y el de pensionistas. En <u>Julio 2010,</u> es de 2,6. O sea, hay 2.6 personas trabajando para ti, pensionista, que antes trabajaste para otros.
Si las 2, 6 personas bajan hasta 1,94, el Sistema entra en números rojos.
<u>Comentario:</u> *A ver si vienen más inmigrantes, porque parece que lo de tener hijos no es lo nuestro.*

HUELLA DE CARBONO. Cantidad total de gases de efecto invernadero que emitimos en una actividad o producto concreto.

HUELLA ECOLÓGICA. Superficie de tierra productiva y agua necesaria para producir los recursos que la sociedad consume y asimilar los residuos que produce. En <u>1999</u> la huella ecológica de un habitante medio del planeta era de 2.3 hectáreas.

HUELLA HÍDRICA. Volumen total de agua dulce utilizada por una persona en sus actividades cotidianas, desde el agua necesaria para ducha y w.c. hasta las asociadas con bebidas o actividades agrícolas o industriales según <u>Dulcinea Meijide.</u>

HUERTO SOLAR. Instalación de energía solar con varios propietarios.

HUNTER. El ejecutivo al que le gusta más salir a la calle que quedarse en el despacho. **Ver FARMER**

1. I + D + I
2. IASB
3. IBG, YBG
4. IBRM INDEPENDENT BUSINESS REVIEW
5. ICANN
6. ICO
7. IDEOLOGÍA CLOROFILA
8. IED
9. IHE
10. IMPUESTO AL SOL
11. IMPUESTO ROBIN HOOD
12. INDICADOR DE PARIDAD DE PODER DE COMPRA (PPC), O PURCHASING POWER PARITY (PPP)
13. INDICADORES DE LA MARCHA DE LA ECONOMÍA Y DE LA SITUACIÓN EN GENERAL
14. INFLACIÓN SUBYACENTE
15. INFOBESIDAD
16. INFORME ZERP
17. INFLACIÓN DE ACTIVOS
18. INGRESOS FINALISTAS
19. INITIAL PUBLIC OFFERING (IPO
20. INMUNIDAD DE REBAÑO
21. INNOVIQUITY
22. INSIDER
23. INSIDER TRADING
24. INSTITUTO NACIONAL DE ESTADÍSTICA, INE
25. INSTRUMENTOS HÍBRIDOS
26. INTELIGENCIA CONTEXTUAL
27. INTELIGENCIA DE 1ª CLASE
28. INTENSIDAD ENERGÉTICA
29. INTERMITENTES
30. INTERNET DE LAS COSAS, INTERNET OF THINGS
31. INTERNET PROFUNDA
32. INTERPOL
33. INTRAEMPRENDEDOR
34. INÚTIL LABORAL
35. IOU

36. IPC
37. IPCA
38. IPHONE
39. IPOD (AI-POD)
40. IPOD (I-POD
41. IPREM
42. IRPF
43. IRPH
44. IRS
45. ISA
46. ISE
47. ISIS
48. ISRAELITA
49. ITC
50. ITER
51. IT GIRL
52. ITINERANCIA
53. IT MOM
54. ITS
55. IUS SANGUINI
56. IUS SOLI
57. IZQUIERDA CAVIAR

I + D + i. Investigación, Desarrollo e Innovación.

IASB. Ver NORMAS CONTABLES

IBG, YBG. "I´LL BE GONE, YOU´LL BE GONE". Término popular en Wall Street, para referirse a los que han inventado productos extraños que han hecho arruinarse a mucha gente. La traducción es *"yo me largaré y tú te hundirás"*. O sea, *"si te he visto, no me acuerdo"*.
<u>Comentario</u>: ¡Qué majos!

IBRM INDEPENDENT BUSINESS REVIEW. Análisis del plan de negocio de una empresa en apuros con el fin de valorar las diferentes alternativas de solución. Es clave la tesorería a corto plazo.

ICANN, INTERNET CORPORATION FOR ASSIGNED NAMES AND NUMBERS. Organismo que regula los nombres y dominios en Internet.

ICO. INSTITUTO DE CRÉDITO OFICIAL. Según Elena Espinosa, que era Ministra de Economía y Hacienda, en 24.5.09, "no es un Banco con oficinas. Su función es llegar a una serie de acuerdos con Bancos y Cajas con los que comparte el riesgo de los créditos que se dan. Son esas entidades las que evalúan los riesgos y deciden a quién tienen que dar créditos". (La Vanguardia).

IDEOLOGÍA CLOROFILA. La de los que quieren irse a vivir al campo, fuera del cemento de las ciudades.

IED. Artefacto explosivo improvisado.

IHE. Organización profesional "Inspectores de Hacienda del Estado".

IMPUESTO AL SOL. Grava la producción solar en tejados que produzcan más de 10 kilovatios. 28.2.16. Lo quieren eliminar.

IMPUESTO ROBIN HOOD. Sería una tasa del 0.05 % a las transacciones financieras para destinarla a programas de desarrollo en el tercer mundo.

INDICADOR DE PARIDAD DE PODER DE COMPRA (PPC), O PURCHASING POWER PARITY (PPP). Mide el poder adquisitivo real, teniendo en cuenta el nivel de precios de cada país. Un PPC muy usado es el precio de una hamburguesa *Big Mac* en distintos países.
Este indicador ya lo había descubierto el escritor Julio Camba, que, en 1920-21, en su libro "Aventuras de una peseta" decía: "Un duro (5 pesetas) español pude valer 10 duros alemanes, pero un bistec español vale exactamente lo mismo que un bistec alemán. Usted vende en Madrid un bistec por un duro; cambia este duro por 50 marcos, y cuando llega a Berlín, tiene usted lo justo para comprar un bistec alemán de la misma categoría que el bistec español".

INDICADORES DE LA MARCHA DE LA ECONOMÍA Y DE LA SITUACIÓN EN GENERAL:

- **HEMLINE INDEX.** Dicen que, en épocas de depresión, las mujeres llevan la falda más larga que en épocas buenas.
- **INDICADOR DE CLIMA EMPRESARIAL.** Mide la previsión futura que hacen los empresarios

sobre la situación empresarial (pedidos, precios, stocks, paro, etc.)
- **INDICADOR SINTÉTICO DE ACTIVIDAD, ISA.** Determina la evolución de la actividad económica en los próximos 6 meses. Lo elabora internamente el Ministerio de Economía.
- **ÍNDICE DE SENTIMIENTO ECONÓMICO (ISE), O ÍNDICE DE CONFIANZA EMPRESARIAL.** Mide la confianza en la coyuntura económica.
- **ÍNDICE DE ACCESIBILIDAD A LA VIVIENDA.** Porcentaje de lo que se paga por la hipoteca respecto al salario medio. La media histórica está en el 20 %.
- **ÍNDICE DE PRECIOS INDUSTRIALES (IPRI).**
- **ÍNDICE GINI.** Mide la desigualdad entre las personas.
- **LIPSTICK INDEX.** Dicen que, en épocas de depresión, las mujeres compran más pintalabios que en épocas buenas.
- **ÍNDICE DE MISERIA.** Lo elabora Moody´s, una de las agencias de calificación de riesgos, en función del desequilibrio de las cuentas públicas (el déficit público o déficit fiscal) y la tasa de paro.
- **ÍNDICES BURSÁTILES**
  - **IBEX 35.** Principal índice de la Bolsa española, formado por las 35 empresas con más liquidez (o sea, cuyas acciones se compran y venden continuamente) que cotizan en el **SIBE, SISTEMA DE INTERCONEXIÓN BURSÁTIL ELECTRÓNICA.**
  - **IBEX MEDIUM CAP/IBEX SMALL CAP.** Índices compuestos por empresas mucho más pequeñas que las del IBEX 35, de

carácter mucho menos multinacional y que dependen de la coyuntura española más que de la mundial.
- ÍNDICE BCN Mid-50, FORMADO POR 50 VALORES MEDIANOS ESPAÑOLES

INFLACIÓN SUBYACENTE. (CORE INFLATION.) Excluye los elementos más volátiles, como la energía y los alimentos frescos.

INFOBESIDAD. Estado de ansiedad por abrir correos, comentarlos...que produce un estrés muy serio.
Comentario: esos que van por la calle mirando constantemente el móvil son infobesos. ¡Si lo supieran...!

INFORME ZERP (Siglas en alemán del **CENTRO DE DERECHO Y POLÍTICA EUROPEOS DE LA UNIVERSIDAD DE BREMEN.)** Recomienda liberalizar los servicios jurídicos ligados al ámbito inmobiliario, como el contrato de compra-venta o la escritura pública que garantiza la propiedad de un inmueble. Pretende eliminar la exclusividad que tienen los Notarios en estas gestiones y que, además, se rijan por las leyes del mercado y compitan en precios.

INFLACIÓN DE ACTIVOS. Burbuja especulativa.

INGRESOS FINALISTAS. Ingresos, normalmente públicos, que reciben los sindicatos para hacer una actividad concreta.

INITIAL PUBLIC OFFERING (IPO). Salida a Bolsa. Procedimiento tradicional: un grupo o **SINDICATO** de entidades financieras asegura la colocación y, tras pulsar la demanda de los inversionistas **(BOOK BUILDING)**, pacta con el oferente el precio de salida de las acciones. Si el precio es bajo, se dice que la acción tiene **RECORRIDO**, o sea, que puede subir. Esa infravaloración no siempre es casual. Permite a alguna entidad financiera la práctica del **SPINNING,** o sea, de dar información privilegiada a algún amigo de las buenas perspectivas de revalorización.

INMUNIDAD DE REBAÑO, HERD IMMUNITY. Punto en el que la tasa de infecciones nuevas en una pandemia se mantiene estable.

INNOVIQUITY. Julio 2010. Según Juan José Peso, en *Expansión,* eso quiere decir que nuestros clientes quieren que estemos siempre disponibles y, como consecuencia, nosotros tenemos que ser capaces de darles una respuesta satisfactoria, acercándoles nuestro producto donde lo necesiten.

INSIDER. Técnico de una empresa suministradora de productos industriales o de servicios (por ejemplo, un consultor), desplazado a tiempo completo en el despacho del cliente que asegura una atención permanente a las necesidades del mismo.

INSIDER TRADING. Información privilegiada.

INSTITUTO NACIONAL DE ESTADÍSTICA, INE. Ver IPC. (También hace otras cosas.)

INSTRUMENTOS HÍBRIDOS.
Ver ACCIONES PREFERENTES.
Ver PARTICIPACIONES PREFERENTES.
Ver DEUDA SUBORDINADA.

INTELIGENCIA CONTEXTUAL. Lo que tienen en común Walt Disney, Bill Gates y Hewlett Packard: que supieron leer entre líneas las necesidades de su época.

INTELIGENCIA DE 1ª CLASE. La que es capaz de mantener dos ideas a la vez y seguir funcionando.

INTENSIDAD ENERGÉTICA. Consumo de electricidad por cada unidad de PIB (supongo que será por cada euro, o mil euros o millón de euros del **PRODUCTO INTERIOR BRUTO**).

INTERMITENTES. Trabajadores provisionales en el mundo del espectáculo.

INTERNET DE LAS COSAS, INTERNET OF THINGS, IoT. Se trata de conectar a la red todos los objetos de uso cotidiano, tanto en el hogar como en el trabajo como en la ciudad.

INTERNET PROFUNDA. Ver DEEP WEB.

INTERPOL. Organización responsable de coordinar la cooperación entre las policías de todo el mundo.

INTERPROVEEDOR *(La coordinación).* Elaborador de marcas propias para una cadena de distribución.
<u>31.1.06.</u> Hasta hace poco, García Carrión elaboraba las marcas Hacendado, Deliplus y Bosque Verde para Mercadona.
<u>2.11.07</u>. *Dulcesol*, fabricante de bollería industrial, también hacía *Hacendado*, hasta ahora. *Mercadona* ha decidido crecer en bollería fresca y no en bollería industrial, con lo que *Dulcesol* se ha quedado sin un cliente que representaba el 30 % de su facturación.

INTRAEMPRENDEDOR. Profesional que explota su talento e innova con el apoyo de la organización en la que trabaja. O sea: *"se me ha ocurrido esto: ¿qué les parece? Muy bien, trabaje sobre ello y la organización le ayuda"*.

INÚTIL LABORAL. Según Nuria Chinchilla (La Vanguardia, 8.8.09), persona que no sirve para trabajar porque no se implica ni se compromete. Va a la suya y su trabajo (por llamarle de algún modo) carece de sentido. **Ver VAMPIRO DE ENERGÍA**

IOU, I OWE YOU, pagarés informales, de incertidumbre legal (por lo que no pueden cotizar).

IPC, ÍNDICE DE PRECIOS AL CONSUMO. Indica el crecimiento medio de los precios de los bienes en un período de tiempo determinado. En España, el **INSTITUTO NACIONAL DE ESTADÍSTICA (INE)** utiliza los precios de 471 artículos.

IPCA, ÍNDICE DE PRECIOS AL CONSUMO ARMONIZADO. Mide la evolución de los precios con el mismo método en todos los países de la zona euro.

iPHONE. Teléfono móvil diseñado por Apple Corp. Lo de menos es el teléfono, que lo tiene cualquiera. Es un ordenador potente.

iPOD (se pronuncia ai-pod). Reproductor portátil de música diseñado por Apple Corp.

IPOD (se pronuncia i-pod). Índice de precios de productos alimenticios en origen y en destino.

IPREM, INDICADOR PÚBLICO DE RENTAS DE EFECTOS MÚLTIPLES. Índice establecido en 2004. Tiene dos objetivos:
Medir, mediante el nivel de ingresos, el acceso a derechos sociales, la concesión de ayudas escolares, alquiler de viviendas, becas, etc.
Evitar que todas estas prestaciones sociales se vinculen automáticamente al SMI (Salario Mínimo Interprofesional), con el fin de ahorrar recursos públicos.

IRPF. Impuesto sobre la Renta de las Personas Físicas.

IRPH. Índice de referencia de las hipotecas. (Otro es el Euribor). Es la media obtenida a partir de los tipos de interés de los préstamos hipotecarios con un plazo superior a tres años que han sido concedidos por las entidades financieras durante el mes.

IRS, INTEREST RATE SWAPS. También llamado **PERMUTA DE INTERESES.** Indica el coste del dinero a medio plazo y sin prima de riesgo. Octubre 2011. El Banco de España quiere que sustituya al Euribor como índice de referencia para nuestras hipotecas.
Comentario: No lo acabo de entender, pero lo pongo, porque seguramente es un tema importante. Cuando lo entienda, lo explicaré mejor.

ISA, INDICADOR SINTÉTICO DE ACTIVIDAD

ISE, INTEGRATED SYSTEMS EUROPE, la feria más importante para empresas del sector audiovisual.
2020. Se celebra por última vez en Amsterdam, mientras se cancela el Mobile en Barcelona. El próximo se celebrará en Barcelona.

ISIS. ISLAMIC STATE OF IRAQ AND GREATER SYRIA. Ver EI

ISRAELITA. Encuesta hecha a pie de urna.

ITC. Índice de tendencia de la competitividad. Mide la capacidad de competir de las exportaciones con los precios internacionales.

ITER. Reactor nuclear de fusión, el proyecto científico y tecnológico más importante de la historia por su coste económico.

IT GIRL. Prototipo de mujer que, sin proponérselo, marca tendencia en el mundo de la moda.

ITINERANCIA. Ver ROAMING.

IT MOM. Madre Millennial de 27 a 40 años, trabajadora, con gusto por la moda, aficionada a las redes sociales y de clase media-media alta. **Ver MADRE MILLENNIAL.**

ITS. Infección de transmisión sexual.

IUS SANGUINI. Principio por el que, si tus padres son ciudadanos de un país, tú también lo eres, sin importar dónde hayas nacido.

IUS SOLI. Principio por el que, si has nacido dentro de las fronteras de un país, eres automáticamente ciudadano de ese país.

IZQUIERDA CAVIAR. Los de izquierda que se han aburguesado.

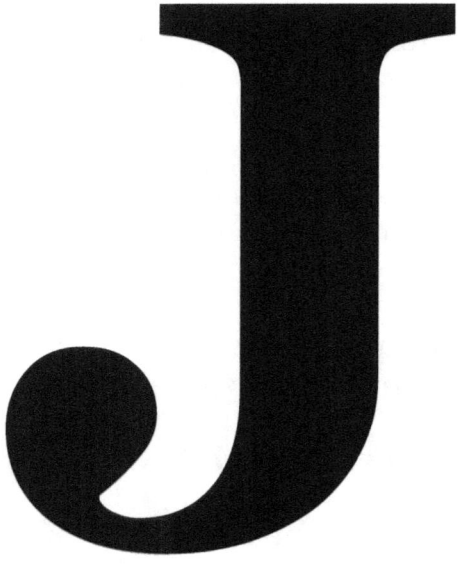

1. JANTELOVEN
2. JOB MATCHING
3. JOBLESS RECOVERY
4. JORNADA LABORAL
5. JUBILACIÓN DE ORO
6. JUEGO DEL GOOGOL

JANTELOVEN. En Noruega, ser humilde y no fardar.

JOB MATCHING. Como el **BENCHMARKING,** pero en Recursos Humanos. Comparación de prácticas en este tema entre diversas empresas.

JOBLESS RECOVERY. Recuperación de la economía sin que se recupere el empleo.

JORNADA LABORAL. 9.6.08. Los Ministros de Empleo y Asuntos Sociales de la UE han llegado a un acuerdo en Luxemburgo sobre la Directiva *"Jornada de trabajo",* que aprueba la posibilidad de llegar a semanas de trabajo de 60 horas y, en algunos casos, hasta de 65.

JUBILACIÓN DE ORO. La persona que, cuando se jubila, sigue cobrando su salario base íntegro.

JUEGO DEL GOOGOL. Problema clásico referente a los procesos de búsqueda: cómo determinar el momento ideal para dar una búsqueda por concluida (**OPTIMAL STOPPING**). El juego consiste en: varias personas (100, por ejemplo), escriben cada una, en secreto, un número en una papeleta, sin límite en cuanto al valor del número escogido. Las papeletas se revuelven y se inicia su extracción y lectura pública, una a una. La gracia está en seleccionar la papeleta con el número más alto. El jugador se puede "plantar" en cualquier momento. Para tener la máxima probabilidad de acierto debe seguirse la **REGLA DEL 37 %,** es decir, recordar el número más alto de los 37 primeros y, a partir de ese momento, plantarse en el primero que lo supere.

1. KAIZEN COSTING
2. KAKISTOCRACIA
3. KERNEUROPA
4. KILL SWITCH
5. KITTEN HEELS
6. KNOWLEDGE MANAGER
7. KOBAMU
8. KURZARBEIT

KAIZEN COSTING. Ver TARGET COSTING

KAKISTOCRACIA. Según Carlos Rodríguez Braun, en Expansión de 14.10.19, así llamaba Jorge Luis García Venturini, un profesor que tuvo en el Colegio Cardenal Newman de Buenos Aires, al gobierno de los peores.

KERNEUROPA. Europa en la que Francia solo sería un Estado subalterno.

KILL SWITCH. Dispositivo de seguridad para parar el barco, si el piloto se cae al mar. (junio 2010. Lo que se le olvidó de activar al príncipe Haakon de Noruega y casi se ahoga.)

KITTEN HEELS. Zapatos de tacón bajo. Me parece que los modelos de Stella McCartney son muy majos.

KNOWLEDGE MANAGER. Leí un anuncio en *Expansión* que pedía una persona para ocupar este puesto. Su contenido es:
- Diseño de estrategias de gestión de conocimientos.
- Planificación de proyectos.
- Análisis y creación de contenidos, *research,* formación, adaptación a las herramientas.
- Colaboración en los proyectos desarrollados por los equipos de I+D+i, Nuevas Tecnologías, Desarrollo de Negocio, etc.
- Definición de parámetros de usabilidad.
- Gestión documental.

KOBAMU. Ver OBAMU

KURZARBEIT. Sistema alemán que consiste en reducir las horas de trabajo a una persona. Esa persona cobra de la empresa por las horas trabajadas y del paro por las no trabajadas. Este sistema, en principio, duraba 6 meses. Ahora ha pasado a a 2 años.

11.11.09. Se estaba estudiando implantarlo en España. Me parece que no llegó a nada.

Comentario: *Me parece que:*
Es bueno para las personas, porque trabajan y no están paradas

Es bueno para las empresas, porque les da una cierta flexibilidad.

Es bueno para los Presupuestos Generales del Estado, porque, a su cargo, se paga menos paro que si esas personas no trabajaran nada

1. LA COSTA NOSTRA
2. LAME DUCK
3. LATE TRADING
4. LATERAL HIRE
5. LATERAL PARTNER HIRE
6. LATIBEX
7. LAYOUT
8. LCH CLEARNET
9. LEAD INDEPENDENT DIRECTOR
10. LED
11. LEET
12. LEVEL PLAYING FIELD
13. LEVERAGED BUY-OUT (LBO)
14. LEY DE ACOMPAÑAMIENTO DE LOS PRESUPUESTOS
15. LEY DE DEPENDENCIA
16. LEVEL PLAYING FIELD
17. LEY DE GOODHART
18. LEY DE GRESHAM
19. LEY DE JANTE
20. LEY DE MOORE
21. LEY DE NIETOS
22. LEY DE OKUN
23. LEY RICO
24. LEY SABARNES-OXLEY
25. LEY DE SAY
26. LEY DE TRANSITORIEDAD
27. LEY VOLKSWAGEN
28. LEY MORDAZAI
29. LEY ÓMNI
30. LEY RATO
31. LEY SARBANES-OXLEY
32. LGT
33. LIBERADOS SINDICALES
34. LIBERADOS SINDICALES INSTITUCIONALES
35. LIBOR
36. LICENCIA MUNICIPAL DE APERTURA
37. LICENSING
38. LÍDER AMABLE

39. LÍDER RESONANTE
40. LIKE-TO-LIKE O LIKE-FOR-LIKE
41. LÍNEA ÉTICA
42. LINKEDIN
43. LISTA CREMALLERA
44. LISTBROKER
45. LISTA 103
46. LISTING
47. LLAMADAS SILENCIOSAS
48. LNG, LIQUIFIED NATURAL GAS
49. LOAN TO VALUE, LTV
50. LOAPA
51. LOCKDOWN
52. LOCKSTEP
53. LOCK-UP
54. LOFCA
55. LONDON FIX
56. LOPD
57. LOS CUATRO MOTORES
58. LTRO
59. LOVEWORK
60. LOWXURY
61. LPI
62. LUCES APAGADAS
63. LUDISMO

LA COSTA NOSTRA. Nombre que dan a España los gangsters napolitanos. Parece que España se ha convertido en la base de operaciones de estos señores.

LAME DUCK (PATO COJO.) Presidente norteamericano al final de su mandato, cuando ya no toma muchas decisiones, está esperando a que llegue el próximo y todos le ven como *"especie a extinguir"*.

LATE TRADING. Hora límite en la que se pueden comprar y vender participaciones de un Fondo. Si se pasa esa hora, quedan para el día siguiente.

LATERAL HIRE. Incorporaciones, a despachos de abogados, de abogados con experiencia en otros despachos, empresas o administraciones. No es más que un *fichaje senior*. Los que entienden de esto dicen que lo más interesante es los **lateral partner hire,** cuando se ficha a socios de otros despachos que pueden traer consigo clientes del despacho anterior. Dicen que es más rápido que el sistema de **lockstep**, en el que los abogados ascienden a socios dentro del despacho, en razón de méritos y antigüedad.

LATERAL PARTNER HIRE. Ver LATERAL HIRE.

LATIBEX. Mercado en el que se negocian valores latinoamericanos en euros.

LAYOUT. Disposición de las máquinas en una planta o de los mostradores, aparadores, etc., en una tienda.

LCH CLEARNET. Cámara de compensación que da servicios en Londres y París. Mediante esta Cámara, un Banco le presta dinero a otro, que pone Deuda pública como garantía. O sea, un Banco ha comprado Deuda pública (ha prestado dinero al Tesoro Público). Cuando necesita dinero, pide a otro Banco y le dice *"si no te pago yo, te pagará el Tesoro Público, que me debe dinero"*.

Diciembre 2010. Esta Cámara de compensación se convirtió en una vía alternativa muy interesante para las entidades financieras españolas, en un momento en el que el mercado interbancario estaba seco.

LEAD INDEPENDENT DIRECTOR. Ver **CONSEJERO INDEPENDIENTE COORDINADOR.**

LEAN SEIS SIGMA. Un método para la mejora de la calidad. Mezcla los conceptos de *Lean* con los de *Seis Sigma*.

Los conceptos de Lean son:
Múltiples habilidades (polivalencia).
Participación del personal.
Cercanía en la relación con proveedores.
Conciencia colectiva de mejora continua.
Continua búsqueda de la reducción de tiempo.

Seis Sigma es una filosofía de trabajo, que intenta:
Aumentar los niveles de calidad.
Mejorar los ratios financieros.

LED (LIGHT-EMITTING DIODES.) Bombillas que consumen menos que las incandescentes.

LEET. Lenguaje que se usa en e-mails, foros, SMS´, etc., y que consiste en sustituir las letras por números o signos de puntuación que gráficamente se asemejen a las letras. Se llama así porque desde el principio se consideró un lenguaje para la élite de los tecnólogos. Ha tenido mucho éxito entre los hackers, pero no es exclusivo de ellos.

1337 es la manera de poner LEET en lenguaje LEET. (Esto me lo ha explicado mi hijo Javier, que dice que Leopoldo y Javier, en lenguaje Leet simple sería l3opoldo y J4v13r. También se puede poner más sofisticado, pero supongo que no os importa mucho).

LEVEL PLAYING FIELD. Argot de Bruselas para indicar que los productos británicos no pueden entrar en el mercado único beneficiándose de ayudas de Estado que les coloquen en posición de ventaja.

LEVERAGE. Endeudamiento. **(APALANCAMIENTO)**

LEVERAGED BUY-OUT (LBO) Compra de una empresa, endeudándose fuertemente y esperando pagar la deuda con la buena marcha de la empresa y/o con la venta de la misma o de partes de la misma.

LEY DE ACOMPAÑAMIENTO DE LOS PRESUPUESTOS. Tramitación rápida (y opaca) de cambios normativos. Recientemente eliminada. Agilizaba trámites demasiado rígidos. *Parece que la han vuelto a poner en funcionamiento.*

LEY DE DEPENDENCIA. V. SAAD.

LEY DE GOODHART. Explica que la adopción de un indicador puede hacer que ese indicador se convierta en un fin en sí mismo. Por ejemplo, si se considera que el número de medallas en alta competición es un indicador de la vitalidad del deporte nacional, se puede acabar en la política de dopaje o en el fichaje de extranjeros que, previamente nacionalizados, proporcionan esas medallas. *(Si, además, se dopan, más medallas.)*

LEY DE JANTE. Término de la Sociología que define una actitud displicente ante la individualidad y el éxito. Ejemplos:
individualidad: "este Cristiano Ronaldo es un desgraciao".
éxito: "algo mal habrá hecho para triunfar de esa manera"

LEY DE MOORE. La potencia de los ordenadores se duplica cada 18 meses.

LEY DE NIETOS. El Gobierno español reconoce la nacionalidad, derecho de voto incluido, a los nietos de emigrantes y exiliados españoles.

LEY DE OKUN. El empleo tiende a aumentar a tasas sensiblemente inferiores al aumento del PIB.

LEY DE SAY. En 1803 el economista francés *Jean-Baptiste Say (1767-1832)* expuso la polémica ley que lleva su nombre: la oferta crea su propia demanda.

LEY DE TRANSITORIEDAD. En Cataluña, ley que daría forma legal a la secesión.

LEY DE GRESHAM. Debe su nombre a *sir Thomas Gresham*, alto funcionario de la Inglaterra del siglo XVI. Dice que, cuando coexisten en circulación dos monedas de calidad que se intercambian a un tipo fijo, la moneda mala es la que circula y la buena es atesorada.

LEY VOLKSWAGEN. Ley alemana que protege al accionariado de Volkswagen ante posibles OPAS hostiles por parte de compradores extranjeros. Llevada al Tribunal de Luxemburgo por la Comisión Europea.

LEY MORDAZA. 2015. Fija 44 razones por las que una persona puede ser sancionada.

LEY ÓMNIBUS. Ley que afecta a bastantes leyes y suprime bastantes organismos públicos. Todo, de una tacada. Por ejemplo, se emitió una norma hace unos años que modificaba 47 leyes españolas para que España se adaptase a la Directiva de Servicios de la UE.

LEY RATO. Normativa, establecida en 1999, que limitaba al 3 % los derechos de voto de los grupos públicos extranjeros en empresas energéticas españolas, aunque se tuviera el 98 %. Equivalía a la posibilidad de veto por parte del Gobierno para determinadas operaciones. Agosto 2016. No sé si sigue vigente.

LEY RICO. Persigue a organizaciones mafiosas y corruptas

LEY SARBANES-OXLEY. Legislación aprobada en EEUU en 2002 para reforzar el buen gobierno de las empresas estadounidenses.

LGT, LEY GENERAL TRIBUTARIA

LIBERADOS SINDICALES. Personas que trabajan en una empresa y que se dedican full time a labores sindicales.

LIBERADOS SINDICALES INSTITUCIONALES. Lo mismo, pero en la Administración Pública.

LIBOR. Interés al que se prestan dinero los Bancos en el mercado londinense.

LICENCIA MUNICIPAL DE APERTURA. Mediante ella se comprueba si los establecimientos industriales y mercantiles reúnen las condiciones de tranquilidad, sanidad y salubridad exigidas por las Ordenanzas y Reglamentos municipales. Las actividades se clasifican en dos grandes grupos:

- **Actividades inocuas,** no incluidas en el Reglamento de Actividades molestas, insalubres, nocivas y peligrosas.

- **Actividades clasificadas,** sí incluidas en el Reglamento.

LICENSING. Obtención y gestión de los derechos para la explotación comercial de marcas y productos a terceros. Ejemplo: la Sociedad *"Biplano"* gestiona la marca de las películas de *"El señor de los anillos"* en España y Portugal. La Sociedad *BRB* controla la licencia del *Real Madrid* (debe ser la que vende las camisetas.)

LÍDER AMABLE. VER SERVANT LEADER.

LÍDER RESONANTE. Según el libro *"Resonant leadership"*, de *Richard Boyatzis y Annie McKee*, el líder resonante reúne las siguientes características:
Despierto
Consciente
En sintonía consigo mismo y con el mundo que le rodea
Empático
Emocionalmente inteligente
Obtiene resultados

LIKE-TO-LIKE, o LIKE-FOR-LIKE. Comparación de datos homogéneos. Por ejemplo, la comparación que hacen en una cadena de tiendas de las ventas de un año con las del año anterior, sin tener en cuenta las nuevas tiendas. Da lugar a lo que se llama **CRECIMIENTO ORGÁNICO.**

LÍNEA ÉTICA. VER "WHISTLEBLOWING HOTLINE".

LINKEDIN. Una de las principales redes sociales para profesionales en todo el mundo. Ver **REDES SOCIALES.**

LISTA CREMALLERA. Lista electoral en la que hay un hombre, una mujer, un hombre, una mujer, y así.

LISTBROKER. Entidad que actúa como agente del titular de un fichero de clientes y que ofrece dicha base de datos a posibles interesados en hacer campañas publicitarias.

LISTA 103. Lista del Departamento de Comercio norteamericano en la que se incluyen los países que están bajo vigilancia por no respetar la propiedad intelectual.

LISTING. V. SERVICIOS QUE PRESTAN LAS BOLSAS.

LLAMADAS SILENCIOSAS. Llamadas telefónicas que realizan los servicios de telemarketing para vender un producto o servicio y que, cuando responde el cliente, nadie habla desde la empresa por estar todos los operadores ocupados. La regulación del Reino Unido establece que el número de ese tipo de llamadas no puede superar el 3 % de las que realiza una Compañía.

LNG, LIQUIFIED NATURAL GAS. Gas natural líquido.

LOAN TO VALUE, LTV. Valor de un préstamo hipotecario con respecto al valor de tasación, una forma

de calibrar el nivel de riesgo que asume una entidad con un cliente.
En la concesión de las hipotecas subprime, los Bancos daban un **loan to value** de más del 100 %.

LOAPA. Ley orgánica de armonización del proceso autonómico.

LOCKDOWN. Confinamiento. No hace falta explicarlo. De eso aprendimos mucho en la pandemia.

LOCKSTEP. V. LATERAL HIRE.

LOCK-UP. Período, normalmente, de 6 meses, en el que determinados accionistas se comprometen a no vender acciones en el mercado.

LOFCA. Ley Orgánica de Financiación de las Comunidades Autónomas.

LONDON FIX. El precio del oro en el mercado físico (el de los lingotes.)

LOPD. LEY ORGÁNICA DE PROTECCIÓN DE DATOS.

LOS CUATRO MOTORES. Organización regional, creada por *Jordi Pujol* en 1988, que reúne a las cuatro regiones más dinámicas de Europa que no son sedes de capital de Estado: Cataluña, Lombardía, Baden-Wurttemberg y Ródano-Alpes.

LTRO, LONG TERM REFINANCING OPERATION. Financiación a largo plazo ofrecida a la banca privada. (Me parece que por el BCE).

LOVEWORK. En un libro reciente, *"En busca del Lovework", Joan y David Elías* dicen que el directivo no tiene que motivar al empleado, que el empleado tiene que venir motivado de casa y que el directivo tiene que centrarse en la gestión del negocio y limitarse a no desmotivar al personal.

LOWXURY. El presidente de Daemon Quest y profesor del IE, cuyo nombre no tengo, llama así a la moda del lujo por poco dinero. Algo así como el lujo -*luxury*- *low cost*.

LPI, LEY DE PROPIEDAD INTELECTUAL. V. CANON DIGITAL.

LUCES APAGADAS. Programa por el que la oficina se queda a oscuras a una determinada hora de la tarde, para que nadie se quede trabajando horas extras sin motivo.

LUDISMO. Movimiento surgido en Inglaterra que se oponía a las innovaciones tecnológicas por considerar que empeoraban las condiciones de trabajo de los obreros.

1. MAASTRICHT, TRATADO DE
2. MAB
3. MADE IN SWITZERLAND
4. MADE4U (MADE FOR YOU)
5. MADOFF BILL
6. MADRE MILLENNIAL
7. MAGIC CIRCLE
8. MAKING OF
9. MALWARE
10. MAN OF SYSTEM
11. MANAGEMENT APPRAISAL
12. MANGUERAZO
13. MANSPLAINING
14. MARGEN BRUTO
15. MARINA SECA
16. MARF
17. MARKET SOUNDING
18. MASHUP
19. MASSTIGE
20. MAT
21. MAYÉUTICA
22. MBO
23. MBI
24. MCA
25. MCAA
26. MECATRÓNICA
27. ME, HERE, NOW ERA
28. MEDIA FOR EQUITY
29. MEDICAN
30. MEDICINA CONCIERGE
31. MEFF
32. MEME
33. MEMORANDUM OF UNDERSTANDING, MOU
34. MEMORIA DE SOSTENIBILIDAD
35. MENA
36. MERCADO ALCISTA/BAJISTA
37. MERCADO ALTERNATIVO BURSÁTIL

38. MERCADO ASIMÉTRICO
39. MERCADO DE RESTRICCIONES
40. MERCADO INTERBANCARIO
41. MICKEYS
42. MICROBLOGGING
43. MICROBURGUESÍA LOW COST
44. MICROMANAGEMENT EXCESIVO
45. MICROTARGETING
46. MIDNIGHT REGULATIONS
47. MIFID
48. MID SWAP
49. MILLENIAL
50. MINDFULNESS
51. MINIEMPLEO
52. MINORITY COMPANY
53. MIST
54. MOAB
55. MODELO ALEMÁN O ABONO TOTAL DE PRECIO
56. MODELO ORIGINAL PARA DISTRIBUIR
57. MODERNIDAD LÍQUIDA
58. MODIFICADO DE OBRA
59. MOMENTO MINSKY
60. MOMPRENEURS, MAMIEMPRENDEDORAS
61. MONOLINE
62. MORA FRESCA
63. MORAL COMPASS
64. MORAL HAZARD, RIESGO INDUCIDO
65. MORNINGOPHILES
66. MOSQUITO
67. MOVIMIENTO
68. MOVIMIENTO SLOW
69. MREL
70. MULTIFAMILY OFFICE
71. MULTIPLICADOR KEYNESIANO
72. MULTIPOSESIÓN
73. MURALLAS CHINAS
74. MUS
75. MWC

MAASTRICHT, TRATADO DE. Marca las condiciones de las naciones para su integración en el euro:
- Baja inflación
- Déficit máximo del 3 % sobre el PIB
- Tope de deuda pública: 60 % del PIB

MAB, MERCADO ALTERNATIVO BURSÁTIL. Bolsa para pequeñas empresas con planes de expansión.

MADE IN SWITZERLAND. Para que un producto lleve este sello hace falta que, por lo menos, el 50 % de los costes de producción se deba a productos suizos. Ahora quieren subirlo al 60 %.
Comentario: Ahora, ni lo suizo es suizo suizo.

MADE4U (MADE FOR YOU). Proyecto desarrollado por INDO y que pretende conseguir que cada usuario disponga de unas gafas adecuadas a sus características: las lentes, hechas en función de nuestra *"estrategia visual"* (la forma como miramos) y las monturas, según nuestra fisonomía y estilo de vida.

MADOFF BILL. Proyecto de ley presentado en Julio 2009 en Nueva York que propone que los neoyorquinos ricos convictos paguen al Estado y al Gobierno federal los costes de mantenerles en la cárcel. O sea, que paguen el hotel.

MADRE MILLENNIAL. La que encuentra en Instagram la inspiración para vestir a sus hijos con marcas de moda infantil. **Ver IT MOM.**

MAGIC CIRCLE. 5 despachos de abogados de alto nivel en Londres.

MAKING OF. Proceso que se ha seguido para hacer una película. (Es el *"cómo se hizo"*).

MALWARE. Virus informático.

MAN OF SYSTEM, HOMBRE DOCTRINARIO. Según Adam Smith, "el hombre que se imagina que puede organizar a los diferentes miembros de una gran sociedad con la misma desenvoltura con que dispone las piezas en un tablero de ajedrez".

MANAGEMENT APPRAISAL. Examen de los directivos de una empresa, para determinar su capacitación para desarrollar sus responsabilidades.

MANAGEMENT BUY-OUT. Compra de una Sociedad por los directivos, con un préstamo de una entidad financiera.

MANGUERAZO. Inyección indiscriminada de dinero público a las entidades financieras, sin condiciones a cambio.

MANSPLAINING. Un hombre explica algo a una mujer de manera displicente, considerándose superior a ella.

Comentario. Supongo que también existirá el **womansplaining.**

MARGEN BRUTO. Ver **BREAK EVEN.**

MARINA SECA. Según Luis Conde, en la Vanguardia de 8.10.18, garaje para embarcaciones. Así guardadas, con una ducha de agua dulce, duran más.

MARF, MERCADO ALTERNATIVO DE RENTA FIJA. Facilita a las empresas medianas su entrada en el mercado de renta fija.

MARKET MAKER, CREADOR DE MERCADO. Enero 2017. El ministro de Industria fuerza a los operadores dominantes del mercado del gas (Gas Natural y Endesa) a convertirse en *"creadores de mercado"* para producir más oferta de gas y más competencia, contribuyendo así a bajar el coste de la electricidad.

MARKET SOUNDING. Acción de sondear en el mercado, por parte de una entidad financiera, a posibles interesados en adquirir un gran paquete de acciones.

MASHUP. Herramienta que permite combinar los datos y servicios de webs que originalmente estaban desconectadas entre sí. El servicio de mashup más conocido en España es *Panoramio*, que añade al servicio de mapas de *Google* fotos de los lugares a los que se hace referencia.

MASSTIGE. Búsqueda de nuevo negocio para el lujo en sectores sociales menos pudientes, en contraposición al *"prestige"*.

MAT. Interconexión eléctrica de muy alta tensión entre Francia y España.

MAYÉUTICA. *"Arte de partear"*. Se usa desde *Sócrates* para nombrar el arte con que el maestro, mediante su palabra, va alumbrando en el alma del discípulo nociones que éste tenía en sí, sin saberlo.

MBO, MANAGEMENT BUY OUT. Compra de una Sociedad por los directivos, ayudados por una Compañía inversora, que compra una parte de la Sociedad, para vendérsela a esos directivos al cabo de un tiempo predeterminado.

MBI. MANAGEMENT BUY IN. Compra por parte de una firma de capital riesgo en la que se cambia al equipo gestor y se pone alguien de confianza de la sociedad de capital riesgo.

MCA, MOBILE COMMUNICATION ON AIRCRAFT. Servicio por el que se podrá hablar por el móvil en los aviones.
Comentario: *Puede ser inaguantable. Como lo del AVE, pero peor.*

MCAA. Intercambios internacionales de información tributaria y financiera.

MECATRÓNICA. Une la ingeniería electrónica, la mecánica, la de control y la informática.

ME, HERE, NOW ERA. Lo que puede pasarnos ahora, con lo de la crisis: pensar primero en mí, en aquí y en ahora, y dejarnos de pensar en los demás, en los que están lejos y en el mañana (sobre todo, en el mañana de los demás, porque el que me preocupa es el mío).

MEDIA FOR EQUITY. Canje de acciones de empresas a cambio de publicidad en medios de comunicación.

MEDICAN. Huracanes relativamente pequeños que se producen en el Mediterráneo.

MEDICINA CONCIERGE O MEDICINA A LA CARTA. Estilo de atención médica a cambio de una cuota anual. O sea, yo contrato a un médico para que sea MI médico. Le puedo llamar las veces que quiera y él tiene que venir a verme siempre que yo diga, a mi casa o a mi lugar de trabajo. Las visitas pueden ser tan largas como haga falta, las recepciones son más agradables y poco concurridas. Nunca se llaman *"salas de espera"* porque el concepto *"espera"* debe evitarse a toda costa. Todo esto trae consigo que el médico limite el número de pacientes que atiende y, por supuesto, que les cobre cantidades apreciables.

MEFF. Mercado oficial de opciones y futuros en España. **Ver OPCIONES. Ver FUTUROS.**

MEME. Idea contagiosa que se propaga rápidamente por Internet: Ejemplos:
El *"¡¿por qué no te callas?!"* del Rey Juan Carlos a Hugo Chávez.
El "relaxing cup of café con leche" de Ana Botella.
La discusión sobre si el vestido de una presentadora era azul y negro o blanco y dorado.
(Según Manuel del Pozo, en *Expansión*, 12.3.15).

MEMORANDUM OF UNDERSTANDING, MOU. Documento por el que dos Compañías que tienen conversaciones para una posible fusión se comprometen a respetarse mutuamente la exclusiva por un período de tiempo determinado.

MEMORIA DE SOSTENIBILIDAD. Memoria anual de una Sociedad con información económica, ambiental y social.

MENA. En temas de emigración, "menores extranjeros no acompañados".

MERCADO ALCISTA/BAJISTA. Cuando varía más de un 20 % sobre el mínimo/máximo anterior.

MERCADO ALTERNATIVO BURSÁTIL. Dirigido a dos segmentos: las Sociedades de Inversión *(sicav)* y las pequeñas Compañías que ahora no se plantean cotizar en Bolsa porque consideran que es demasiado caro.

MERCADO ASIMÉTRICO. Aquel en el que el comprador y el vendedor tiene diferentes niveles de información.

MERCADO DE RESTRICCIONES. En las Eléctricas, este mercado se activa automáticamente cuando el mercado habitual (el *pool*, en términos técnicos), no consigue casar la oferta (la electricidad que generan las Compañías) con la demanda (la previsión de demanda del día siguiente), porque ésta excede a la primera.
La mecánica de funcionamiento es sencilla: en el pool, las Eléctricas ofertan, en competencia, su producto (la electricidad que van a generar) a modo de subasta, indicando el precio al que están dispuestas a venderlo, para que, a su vez, lo compren otras distribuidoras.

MERCADO INTERBANCARIO. Mercado en el que los Bancos negocian sus sobrantes y sus necesidades de liquidez.

MICKEYS. Habaneros de la *jet set* que, según dice la gente, viven en un mundo irreal.

MICROBLOGGING. Lo que hace Twitter. **Ver TWITTER.**

MICROBURGUESÍA LOW COST. Ciudadanos conformistas, sin ambición por crecer, cuyo único objetivo es convertirse en funcionarios.

MICROMANAGEMENT EXCESIVO. Lo que pasa cuando un jefe dice que delega, pero no delega, se mete en los más mínimos detalles y no deja vivir a sus subordinados.

MICROTARGETING. Noviembre 2016. Anuncios personalizados para adaptarlos a preferencias personales. Como si al entrar en unos grandes almacenes toda la planta baja estuviera llena de nuestros productos favoritos. (Del libro *"Tsunami digital, hijos surferos"*, de Juan Martínez Otero).

MIDNIGHT REGULATIONS, REGULACIONES DE MEDIA NOCHE. Leyes sacadas en el último minuto de la Presidencia en Estados Unidos, para arreglar cosas pendientes.

MiFID, MARKETS IN FINANCIAL INSTRUMENTS DIRECTIVE. Directiva europea sobre instrumentos financieros. Pretende principalmente dos fines:
Mejorar la protección de los inversores
Fomentar la equidad, la transparencia, la eficacia y la integración de los mercados financieros.

Obliga a todas las entidades financieras a clasificar a sus clientes según el grado de especialización en cuanto al funcionamiento de los mercados financieros.

En una entidad financiera me han clasificado como **MINORISTA,** o sea, que soy un consumidor y no un profesional especializado en operar en los mercados financieros más sofisticados.
Comentario: han acertado.

MID SWAP. Índice de referencia para las emisiones a tipo fijo. Febrero 2011. La Caixa ha emitido cédulas hipotecarias *("paquetitos")* al 5 %, 220 puntos básicos sobre el mid swap. O sea: 2,80 (mid swap) + 2,20 (220 puntos básicos) = 5 %.

MILA (MERCADO INTEGRADO LATINOAMERICANO). Bolsas de Chile, Colombia y Perú, que, a partir del 30.5.11, operarán conjuntamente.

MILLENIAL. Jóvenes con edades comprendidas entre 28 y 30 años.
Comentario. Algunos nietos míos, a estos *"jóvenes"* les llaman viejos.

MINDFULNESS. Estar en lo que celebras, no pensar en las musarañas. Si trabajas, trabajas.

MINIEMPLEO. Tipo de empleos creados en Alemania en 2003 para atajar el paro juvenil y la economía sumergida. Son contratos con un máximo de 400 euros mensuales para empleos *"de escasa consideración"* en los que el trabajador no paga impuestos y abona las cotizaciones sociales de forma voluntaria. Agosto 2011. Propuestos por el BCE a José Luis Rodríguez Zapatero, en carta en la que, a cambio de reactivar su programa de compra de deuda española (o sea, de prestarnos dinero), le exige una *"devaluación competitiva"* de los salarios y la creación de una nueva categoría de trabajadores con sueldos inferiores al Salario Mínimo Interprofesional (SMI).

MINORITY COMPANY. Sociedad que se beneficia de ventajas fiscales y otros incentivos en la medida en que emplea a personas pertenecientes a grupos de difícil inserción laboral.

MIST. Economías emergentes: México, Indonesia, Corea del Sur y Turquía.

MOAB. La bomba no nuclear más potente, *"estrenada"* en abril 17 contra el Estado Islámico.
Le llaman "la madre de todas las bombas". Por eso, yo pensaba que "MOAB" quería decir "Mother Of All Bombs". Pues no. Quiere decir "Massive Ordnance Air Blast". Algo así como "bomba aérea de artillería masiva".

MODELO ALEMÁN O ABONO TOTAL DE PRECIO. Las constructoras corren con los gastos de financiación de las obras, y el Estado paga al final de la obra.

MODELO ORIGINAL PARA DISTRIBUIR. Según José Mª Roldán, Director General de Regulación del Banco de España, antes de la crisis esto del *Modelo original* se veía como *el futuro,* mientras que la Banca tradicional se consideraba *"primitiva".*
Comentario: Pues sí.

MODERNIDAD LÍQUIDA. Concepto elaborado por *Zygmunt Bauman*, que no sé quién es, y que creo que se refiere a eso que pasa ahora: que todo está bien o mal (depende), que todo es bueno o malo (depende) que todo es bonito o feo (depende) y que el color gris es el más llevado (depende).

Junio 2017. Leo otro significado. Dice que Modernidad líquida es lo del carsharing, leasing, alquiler por días o por horas, etc. Es decir: que se acabó lo de *"comprar un coche"*. Se sustituye por *"utilizar un coche"*.

MODIFICADO DE OBRA. Práctica legal que realizan las constructoras, compitiendo por la realización de una obra con grandes descuentos a la baja que, una vez adjudicado el contrato, se convierten en aumento de precios. Es legal porque está prevista para casos de interés público o imprevistos.

MOMENTO MINSKY. Hyman Minsky fue un economista ruso, fallecido en 1996, que alertó de los peligros de la liberalización descontrolada del sistema financiero.

MOMPRENEURS, MAMIEMPRENDEDORAS. Madres que son también empresarias

MONOLINE. V. mi libro La Crisis Ninja (y otros misterios de la economía actual)

MORA FRESCA. Primeros impagos de cuotas de créditos que las entidades financieras vigilan de cerca, para que no lleguen a morosos.

MORAL COMPASS. La *"brújula moral"* que le falta a algunos, que han perdido el Norte.

MORAL HAZARD, RIESGO INDUCIDO. Efecto contraproducente de una cobertura de riesgo, que induce a que el asegurado corra más riesgo porque está asegurado. O sea, cuando tenemos el coche asegurado a todo riesgo vamos por el garaje con menos cuidado, porque pensamos que, si hacemos una raya, *"ya lo pagará el seguro"*. En Expansión, de 31.12.08, Tom Burns lo define como *"el riesgo de actuar de una manera insensata, porque, a final de cuentas, hagas lo que hagas, no vas a tener que pagar las consecuencias"*.

MORNINGOPHILES. Los adictos al madrugón, que dicen que así se trabaja más (productividad) y que se está mejor.

MOSQUITO. Aparato que produce un molesto zumbido a una frecuencia tan alta (entre 17.5 y 18.5 KHz, Kilohertzios) que sólo lo pueden oír los muy jóvenes. *(Los mayores somos capaces de oír sólo hasta 10 o 12 KHz y ni nos enteramos.)* Lo están comercializando en Francia con el nombre *Beethoven (supongo que porque era sordo)* para ahuyentar a los amantes del botellón.

MOVIMIENTO. En aeropuertos, despegues y aterrizajes.

MOVIMIENTO SLOW. Corriente que promueve calmar las actividades humanas, porque no hace falta ir corriendo a todas partes.

MREL. Colchón anticrisis que deben hacer los bancos. Agosto 2016. Pendiente de concreción.

MULTIFAMILY OFFICE. Sociedad que se dedica a gestionar el patrimonio de familias que no tienen estructura propia para hacerlo, o sea, para crear su propio brazo inversor.

MULTIPLICADOR KEYNESIANO. *(Según Fernando Trías de Bes, en La Vanguardia de 22.11.09.)* Si alguien cobra 1.000 euros por un encargo del Gobierno, utilizará parte de lo cobrado en gastar o invertir. Supongamos que un 80 %. O sea, gastará 800 euros. El que cobre estos 800, gastará otro 80 %, o sea, 640. El siguiente, lo mismo. O sea, 512. Y así sucesivamente, en una progresión que totalizará 5.000 euros de gasto e inversión. Keynes recomendaba el gasto público, no tanto por la cantidad gastada en sí, sino por cómo se convierte esa cantidad en una cantidad mucho mayor de gasto e inversión.

MULTIPOSESIÓN. En el negocio de Óptica, sucede este fenómeno: "antes se tenían unas gafas y se asociaban a la imagen profesional. Hoy la gente tiene varias: unas por necesidad, otras por estética, otras específicas, para nadar o esquiar o jugar al fútbol, además de las gafas de sol normales". Esto sucede en muchos otros terrenos, por ejemplo, con los relojes.

MURALLAS CHINAS. Medidas que tratan de evitar que la información privilegiada circule, incluso entre distintas Divisiones de una misma empresa.

MUS, MECANISMO ÚNICO DE SUPERVISIÓN BANCARIA. Noviembre 2016. Controla directamente 129 bancos europeos, puede asistir a sus consejos, tiene que aprobar los nombramientos de los consejos. Hace recomendaciones, que, si no se cumplen, se convierten en lo que ya eran: OBLIGACIONES. Presidenta: Danièle Nouy.

- **CAPITAL FULLY LOADED.** Cuando se han implantado todas las exigencias en cuanto a colchones de Basilea III.

- **CET 1.** Capital principal. Supongo que es el original, antes de la suma de las reservas o de la resta de pérdidas.
- **DECISIONES SERP**. Las derivadas del proceso de supervisión de cada banco.
- **TLAC.** Colchones para la absorción de pérdidas.

MWC, MOBILE WORLD CONGRESS. Ver GSMA.

1. NAA
2. NAME DROPPING
3. NAMING, AGENCY OF
4. NATURAL HAT TRICK
5. NAV
6. NBA
7. NEARSHORE
8. NEET
9. NEGAVATIO
10. NEOFILIA
11. NETBOOK
12. NETIQUETA
13. NET LÉASE
14. NEUROMARKETING.
15. NEURONAS ESPEJO
16. NEW MONEY
17. NEXTGEN
18. NG
19. NIC
20. NIMBY
21. NINI
22. NINJA
23. NNAV
24. NON PERFORMING LOANS
25. NORMAS CONTABLES
26. NORMAS DE COPENHAGUE
27. NPL
28. NÚCLEO DURO
29. NUEVA NORMALIDAD
30. NÚMERO BRILLANTE

NAA. Nivel de alerta antiterrorista

NAME DROPPING. Farol que se pega alguien citando el nombre de alguien como si le conociera mucho. Por ejemplo: *"ayer vi a Amancio"*. Todo el mundo piensa que habla de Amancio Ortega y que se conocen, aunque el que habla no le haya visto en su vida.

NAMING, AGENCIA DE. Su servicio es proponer nombres para una Compañía.

NATURAL HAT TRICK. Ver HAT TRICK.

NAV, Net Asset Value. **GAV** (Gross Asset Value) menos Deudas Financieras. O sea, valor neto de los activos.

NBA, NATIONAL BASKETBALL ASSOCIATION. Liga de baloncesto professional norteamericana

NEARSHORE. Externalización de servicios basada en la proximidad geográfica, geopolítica, aspectos culturales comunes, etc. Por ejemplo, España puede ser una buena herramienta *nearshore* para empresas europeas.

NEET. Los **NINIs** en inglés. Neither in employment nor in education or trainining. Ver **NINI.**

NEGAVATIO. Vatios que no se consumen, gracias al ahorro de electricidad.

NEOFILIA. La obsesión de algunos por tener siempre el último modelo de todo.

NETBOOK. Miniordenador portátil de bajo coste.

NETIQUETA. Código de comportamiento en línea. Pretende evitar los insultos, comentarios dañinos, etc., en el uso de las redes sociales.

NET LEASE. Contrato en el que los costes que ordinariamente corren a cargo del arrendador, se trasladan mediante pacto al arrendatario. El arrendamiento típico, **"triple net lease",** incluye el pago por el arrendatario de los gastos de mantenimiento, seguros e impuestos.

NEUROMARKETING. Según Manuel del Pozo, en *Expansión*, es el marketing sensorial basado en el estudio de la mente según encefalogramas. Surgió a raíz del *"Desafío Pepsi",* en el que, en una cata ciega, más de la mitad de los consumidores preferían el sabor de Pepsi-Cola al de Coca-cola. Pero cuando se les enseñaba la marca, preferían Coca-cola.

NEURONAS ESPEJO. Se activan al observar lo que hacen otros. En "El viaje a la felicidad", Eduardo Punset dice que "es imprescindible un tercero de quien aprender o con quien competir".

NEW MONEY. Nuevas líneas de liquidez.

NEXTGEN. Plan de la **FAA (Federal Aviation Administration)** para reemplazar el sistema de control de tráfico aéreo basado en el radar, por uno que utiliza satélites y GPS. Permitirá que los aviones, al aterrizar, hagan un **CDA (continuous-descent aproach),** o sea, bajarán como en un tobogán, en lugar de ahora, que bajan como en escalones. Ahorrará mucho combustible.

NG. NEXT GENERATION EU. Esfuerzo sin precedentes de la Unión Europea para ayudar a las empresas a salir del atasco económico producido por el Covid-19.

NIC. V. NORMAS CONTABLES.

NIMBY. (NOT IN MY BACKYARD). Ciudadanos que no quieren que se instale algo que consideran incómodo o molesto cerca de donde viven. (Por ejemplo, un tanatorio en la parroquia de la Paz en Barcelona).

NINI. Chicos que ni estudian ni trabajan. Ver **NEET**

NINJA. Persona no income, no job, no assets. **Ver mi libro *"La crisis ninja y otros misterios de la economía actual"*.**

NNAV, NET NET ASSET VALUE. NAV (Net Asset Value) menos impuestos a pagar al Fisco en caso de liquidar los inmuebles. Comprar por encima del NNAV es una imprudencia. Una forma de calcular el NNAV es sumar el valor contable + la diferencia entre tasación y valor en libros de los activos inmobiliarios − los impuestos.

NORMAS CONTABLES
En USA, las normas contables son las **GAAP** (General Accepted Accounting Principles) y las elabora un organismo privado, el **FASB** (Financial Accounting Standards Board)
En Europa, las normas son las **NIC** (Normas Internacionales de Contabilidad), elaboradas por otro orgabimso privado, el **IASB** (International Accounting Standards Board)
La Comisión Europea aprobó las NIC, con retoques.

Cada país de Europa las ha adoptado, pero con retoques propios.

La **SEC** (Comisión del Mercado de Valores de USA) permite que la empresas europeas presenten allí sus cuentas utilizando las NIC, pero las NIC auténticas, antes de los retoques hechos por la Comisión Europea

NORMAS DE COPENHAGUE. Standards políticos, económicos y legales para que un país pueda ingresar en la UE.

NPL, NON PERFORMING LOANS. Créditos tóxicos, o sea, difíciles de cobrar. Préstamos dudosos. (Otro nombre para la **PORQUERÍA**). Ver **ACTIVOS TÓXICOS**.

NÚCLEO DURO. Cuando una empresa sale a cotizar a bolsa o amplía capital, ha venido siendo tradicional que se constituya un núcleo duro - llamado también estable - cuya finalidad es que una parte importante de las acciones de la Compañía las posean titulares dispuestos a no negociarlas en los mercados y evitar así su posible venta a *"extraños"*.

NUEVA NORMALIDAD. Ver BBB.

NÚMERO BRILLANTE. Según una novela de P.D. James, que leí en agosto 09, es el número con dos factores primos de igual longitud. Por ejemplo, 341 es un número brillante, porque es el resultado de multiplicar 11 por 31, los dos números primos y de igual longitud.

1. OASIS
2. OBAMACARE
3. OBAMU
4. OBESITY TAX
5. OBLIGACIONES CONVERTIBLES
6. OBLIGACIONES SUBORDINADAS
7. OCDE
8. OEA
9. OFF-SHORE
10. OFICINA MULTI
11. OIBDA
12. OMNISHAMBLES
13. OMC
14. OMT
15. ONBOARDING
16. ONE OFF
17. ONIÓMANO
18. OPA
19. OPALS
20. OPCIONES
21. OPCIONES SOBRE
22. OPERACIÓN ACORDEÓN
23. OPERACIÓN BIMBO
24. OPERACIÓN TWIST
25. OPERACIONES VINCULADAS
26. OPERADOR ANFITRIÓN
27. OPERADOR DEL MERCADO PETROLERO
28. OPERADOR DOMINANTE EN EL MERCADO DE ENERGÍA
29. OPERADOR MÓVIL VIRTUAL
30. OPPORTUNITY WEEK
31. OPTIMAL STOPPING
32. OPV
33. ORGANIZACIONES, TIPOS DE
34. OTC
35. OUTPLACEMENT
36. OUTSOURCING

OASIS, OPERACIÓN DE AUTOPISTAS SEGURAS, INTELIGENTES Y SOSTENIBLES. Tipo de autopista que ofrecerá el sistema **FREE FLOW (FLUJO LIBRE).** Básicamente, consiste en una técnica de peaje en la que no existen barreras físicas gracias a una lectura de la tarjeta de identificación **(TAG)** del vehículo, al pasar bajo un pórtico.

OBAMACARE. Reforma sanitaria del Presidente Obama., que Trump, enero 2017, ha querido derogar, pero no ha podido.

OBAMU. Los chavales japoneses han inventado esta palabra que significa pasar por encima de los problemas y pensar *"Yes, iwe can!",* o sea, ¡podemos! **OBAMU** es lo opuesto a **KOBAMU**, que quiere decir lo contrario, o sea: *"con tantos inconvenientes, no puedo".*

OBESITY TAX. Diciembre 08. Un impuesto sobre las bebidas azucaradas que ha propuesto David Paterson, Gobernador del Estado de Nueva York.

OBLIGACIONES CONVERTIBLES. Ver PARTICIPACIONES PREFERENTES.

OBLIGACIONES SUBORDINADAS. Ver PARTICIPACIONES PREFERENTES.

OCDE, ORGANIZACIÓN PARA LA COOPERACIÓN Y DESARROLLO ECONÓMICO.

OEA (OPERADOR ECONÓMICO AUTORIZADO). Ver C-TPAT.

OFF-SHORE. Países donde el control fiscal y regulatorio es más relajado.

OFICINA MULTI. Centro piloto que el BBVA ha puesto en marcha en septiembre 07. Oficinas bancarias donde, además, se venderán viajes, estancias en hoteles, seguros, servicios inmobiliarios, coches, motos y aparatos de electrónica. Habrá también cafetería con la enseña *Juan Valdez*.

OIBDA. OPERATING INCOME BEFORE DEPRECIATION AND AMORTIZATION. Comparándolo con el **EBITDA,** en el **OIBDA** se incluyen los resultados por enajenación de activos.

OMNISHAMBLES. Situación en la que una política aparentemente correcta se *"dispara"* en un número enorme de direcciones, dejando a todos en estado de shock.

OMC, ORGANIZACIÓN MUNDIAL DEL COMERCIO.

OMT, OUTRIGHT MONETARY TRANSACTION. Compra de bonos soberanos por parte del Banco Central. O sea, que el Gobierno necesita dinero, fabrica papelitos que se llaman bonos y el Banco Central se los compra. En otras palabras, fabricación de dinero.

ONBOARDING. Modalidad de consultoría, que consiste en ayudar a un nuevo ejecutivo a incorporarse con éxito en los puestos directivos de una empresa.

ONE OFF. Medida que impacta en los ingresos o en las deudas solo una vez.

ONIÓMANO. Adicto a las compras. En inglés, **SHOPAHOLIC.**

OPA, OFERTA PÚBLICA DE ADQUISICIÓN DE ACCIONES.

OPALS, OLD PEOPLE WITH ACTIVE LIFE STYLE. Viejos con estilo de vida activa. **Ver SALLIES.**

OPCIONES. V. DERIVADOS.

OPCIONES SOBRE ACCIONES (STOCK OPTIONS.) V. RETRIBUCIÓN VARIABLE.

OPERACIÓN ACORDEÓN. Cuando en una empresa hay muchas pérdidas, se reduce el Capital en esa cantidad (o sea, lo perdido, perdido) y se aumenta el Capital en lo que se considera necesario.

OPERACIÓN BIMBO. Mezcla de MBO y MBI. Parte del equipo directivo toma una parte del capital y, además, se sustituye a parte de la Dirección de la empresa adquirida.

OPERACIÓN TWIST. Canje de deuda a corto por deuda a medio o a largo, para poder respirar un poco y comprar cosas al no tener que pagar sus deudas inmediatamente.

OPERACIONES VINCULADAS. Operaciones económicas que realizan las Sociedades con sus accionistas, administradores y directivos. Pueden ser de naturaleza financiera (préstamos, avales, etc.) o, simplemente, compraventa de productos y prestación de servicios.

OPERADOR ANFITRIÓN. Compañía telefónica que da el servicio a los Operadores Móviles Virtuales. **Ver OPERADOR MÓVIL VIRTUAL**

OPERADOR DEL MERCADO PETROLERO. Licencia que permite comprar un barco cargado de combustible directamente, sin necesidad de adquirirlo a las refinerías.

OPERADOR DOMINANTE EN EL MERCADO DE ENERGÍA. El que tiene una cuota de mercado superior al 10 %. Debe ser lo mismo que **OPERADOR PRINCIPAL (Ver DECRETO RATO).**

OPERADOR MÓVIL VIRTUAL (OMV). Empresas sin red propia que alquilan capacidad a las operadoras con infraestructuras. Por ejemplo:
- Eroski, que lleva a Vodafone de **Operador Anfitrión**
- El Corte Inglés, que va con Telefónica Movistar
- Carrefour, que va con Orange

OPPORTUNITY WEEK. Las Administraciones catalanas, los comerciantes, hoteleros y restauradores han lanzado esta semana para intentar paliar pérdidas anteriores.

OPTIMAL STOPPING. Ver JUEGO DEL GOOGOL.

OPV. Oferta pública de venta de acciones.

ORGANIZACIONES, TIPOS DE

Desde el punto de vista estructural:
- **ORGANIZACIÓN TRÉBOL.** Formada por:
    o Un "núcleo duro" de profesionales con know how y experiencia en algún negocio.
    o Una red de empresas o profesionales que son subcontratados para proyectos concretos.
    o Un staff de personal administrativo.

Desde el punto de vista de su "esencia":
- **NOT FOR PROFIT:** con ánimo de lucro, pero sin reparto de dividendos. Todo el beneficio se reinvierte.
- **NON PROFIT:** benéfica, sin ánimo de lucro.
- **PUBLIC:** con cotización pública de sus acciones.

OTC, OVER THE COUNTER. Ver CDS.

OUTPLACEMENT. Proceso de ayuda en la búsqueda de empleo para personas que han perdido su puesto de trabajo.

OUTSOURCING (EXTERNALIZACIÓN.) Encargo a una Compañía externa de un determinado trabajo que podría hacer un Departamento de la empresa. Por ejemplo, Formación, Administración, Informática.

1. PA
2. PAC
3. PAC, POLÍTICA AGRARIA COMÚN DE LA UE
4. PACEO
5. PACMAN CHALLENGE
6. PACTO DE EL PARDO
7. PACTO DE ESTABILIDAD Y CRECIMIENTO, PEC.
8. PADRE
9. PAE
10. PAGO EN ACCIONES
11. PAGO POR CAPACIDAD
12. PAM
13. PANADERO
14. PANDA HUGGER
15. PANGLOSS
16. PARACAIDISTA
17. PARADOJA DE ABILENE
18. PARAÍSO FISCAL
19. PARKOUR
20. PARO
21. PARTICIPACIONES PREFERENTES
22. PARTNERSHIP
23. PASAPORTE COMUNITARIO
24. PASIVHAUS
25. PATENT TROLL
26. PATIO MAN
27. PAY OUT
28. PCC
29. PEAJE EN LA SOMBRA
30. PEAK OIL
31. PEER TO PEER (P2P
32. PENA DEL TELEDIARIO
33. PEP
34. PEPP
35. PER
36. PERÍMETRO DE LA HERENCIA

37. PERMUTA DE INTERESES
38. PERP WALK
39. PERSISTENCE
40. PERSONAL SHOPPER
41. PERT
42. PETRÓLEO
43. PGC
44. PHARMING
45. PHISHING
46. PIANISTA
47. PIB
48. PICAS
49. PIF
50. PIGS
51. PIIGS
52. PILA DE COMBUSTIBLE
53. PILAR SOCIAL EUROPEO
54. PINGÜINIZACIÓN
55. PIPE
56. PITUFEO
57. PIVE
58. PKT
59. PLAN DE JUBILACIÓN DE FUNCIONARIOS
60. PLAN DE RECUPERACIÓN, TRANSFORMACIÓN Y RESILIENCIA
61. PLAN PREPARA
62. PLAN PREVER
63. PLAN SATELITAL
64. PLANES DE PONZI
65. PLATAFORMA SEGREGADA
66. PLV
67. PLEA BARGAIN
68. PMI
69. POBLACIÓN ACTIVA
70. POBREZA
71. PODCASTING
72. POLÍTICA ECONÓMICA O ECONOMÍA APLICADA
73. POOL ELÉCTRICO
74. POP UP

75. POP UP STORE
76. PORRAJMOS
77. PORTABILIDAD
78. POS
79. POSICIÓN BAJISTA, POSICIÓN CORTA, SHORT SELLING
80. POSICIÓN DE UN INVERSOR
81. POSTNUPS
82. POSVERDAD
83. POTUS
84. POWER PLATE
85. PPP
86. PRECARIEDAD LABORAL
87. PRECIO DE EJERCICIO
88. PRECIOS DE LOS CARBURANTES
89. PRECIOS DE REFERENCIA
90. PRESIÓN FISCAL
91. PRESS CLIPPING
92. PRESTACIÓN ACCESORIA
93. PRÉSTAMO CON AMORTIZACIÓN BULLET
94. PRÉSTAMO VERDE
95. PRÉSTAMO DE VALORES
96. PRESUMED CONSENT
97. PRETEND AND EXTEND
98. PREVENTAS RESIDENCIALES
99. PRICE-RENT RATIO
100. PRIMA DE CONTROL
101. PRIMA DE RIESGO
102. PRIMARY EFFECT
103. PRISM
104. PRIVATE EQUITY
105. PRIVATE FINANCE INITIATIVE (PFI)
106. PRIVILEGIE DER VISCSCHERIE
107. PROANA
108. PROCESO DE BARCELONA
109. PROCESO DE BOLONIA
110. PRODUCT PLACEMENT
111. PRODUCTO INDUSTRIAL BRUTO (PIB)
112. PROFESOR SOMBRA

113. PROFIT WARNING
114. PROGRAMA BLENDED
115. PROGRAMA DE ALIVIO DE ACTIVOS EN PROBLEMAS
116. PROGRAMA DE CLEMENCIA
117. PROGRAMA DE PROTECCIÓN DE CLUBS DE LA FIFA
118. PROJECT BONDS
119. PROJECT FINANCE
120. PROJECT FINANCE INITIATIVE (PFI)
121. PROMOCIÓN DEL CORONA
122. PROSOPOGRAFÍA
123. PROSUMER
124. PROTOCOLO DE KIOTO
125. PROVEEDOR AGRUPADOR
126. PROXY ADVISOR
127. PROYECTO FÉNIX
128. PROYECTO "LÍNEA DE VIDA
129. PROYECTO "MUSCULAR
130. PRUNCH
131. PSPP
132. PTED
133. PTSD
134. PUERTO SECO
135. PUNTO BÁSICO
136. PUNTO LIMPIO
137. PUNTO MUERTO
138. PUSH TO TALK
139. PUT
140. PUTPOCKETS
141. PVPC

PA. Modelo de decisión de la aritmética del beneficio. El CEO orienta su gestión al beneficio. **Ver PIF.**

PAC. Pacto civil de solidaridad, o sea, unión civil oficial, figura instaurada en Francia en 1991 que sustituye al matrimonio, civil o religioso. Parece que hay parejas que prefieren estar *pacsées* que casadas. <u>Comentario:</u> *¡Qué cosas!*

PAC, POLÍTICA AGRARIA COMÚN DE LA UE, compuesta por:
- pago básico, ayuda directa a las explotaciones agrícolas;
- pago verde (supongo que tiene que ver con la ecología)
- contrato a jóvenes.

PACEO. Operación financiera, por la que una empresa vende en Bolsa acciones de su autocartera, luego hace una ampliación de capital y las vuelve a comprar, supongo que más baratas.

PACMAN CHALLENGE. Nombre que dan los soldados ingleses a las bombas trampa sembradas por los talibanes en el valle Sangin de Afganistán.

PACTO DE EL PARDO. Acuerdo entre Cánovas y Sagasta a la muerte de Alfonso XII para turnarse en el poder.

PACTO DE ESTABILIDAD Y CRECIMIENTO (PEC). Acuerdo europeo sobre la cuantía máxima del déficit público y de la deuda pública en términos de porcentaje sobre el PIB (3 % para el déficit, 60 % para la deuda). **Ver CLÁUSULA GENERAL DE ESCAPE.**

PADRE. Programa informático para presentar la declaración del **IMPUESTO SOBRE LA RENTA DE LAS PERSONAS FÍSICAS (IRPF)** Después de 30 años, se elimina para la presentación de la Renta del Ejercicio 2016.

PAE, PROGRAMA DE ACTIVACIÓN PARA EL EMPLEO. Incluye una ayuda de 426 euros al mes durante 6 meses para los parados de larga duración con cargas familiares que sigan programas de formación durante 6 meses

PAGO EN ACCIONES. Ver **RETRIBUCIÓN VARIABLE.**

PAGO POR CAPACIDAD. Indemnización a las centrales térmicas que funcionan con gas, fuel oil o carbón internacional por quedarse paradas. Se les paga por no producir, a cambio de que estén disponibles para funcionar cuando haga falta. Serán una especie de garantía del sistema **(back up)** para cuando las renovables no estén operativas por falta de viento o de sol.

PAM. Plan contra el Abuso del Mercado, iniciativa de la CNMV para evitar el uso de información privilegiada.

PANADERO. Resumen de prensa que le entregaban al Presidente Zapatero todas las mañanas y que supongo que siguen entregando al Presidente del Gobierno.

PANDA HUGGER (ABRAZADOR DE PANDAS). Con una cierta displicencia, se dice del que habla bien de China.)

PANGLOSS. Personaje de la obra *"Candide"*, de Voltaire, eterno optimista sin sentido. Se llama *"Visión panglossiana"* a aquella que ignora los peligros que hay alrededor.

PARACAIDISTA. Gestor de fondos que, por ejemplo, vive en Londres o París y, cuando hace falta, coge un avión, viene a España, vende unos fondos y se vuelve a casa.

PARADOJA DE ABILENE. Una familia decide realizar un viaje a Abilene, propuesto por uno de sus miembros. En realidad, a nadie le apetece ir a Abilene, pero todos van porque creen que a los demás les hace ilusión. El viaje resulta un fracaso, pero todos descubren la realidad cuando deciden sincerarse. Hace muchos años, todos los domingos, mi abuela materna, mi madre y mi tío compraban dos pasteles de fruta para mi abuelo, que confesó, el día que no hubo pasteles, que a él no le gustaban. Que los había comido un día porque nadie los quiso.

PARAÍSO FISCAL. Ver CENTROS OFFSHORE.

PARKOUR. Deporte urbano, que consiste en correr por la calle, subiéndose a un banco, saltando de allí a un monumento, dando volteretas por un jardín, etc.

PARO
Dos versiones, que coinciden:
3.6.09.

Cifra oficial:	3.690.259
Parados en formación:	265.948
Disponibilidad limitada. (no sé qué es)	184.663
Parados autónomos	6.561
TOTAL	**4.147.431**

EPA (2009)
24.7.09
Número de personas activas: 23.082.400
Menos: Número de pers.ocupadas: 18.945.000
Número de personas paradas: 4.137.400
% de personas paradas sobre personas activas: 17,92 %

Si la población española es de 46 millones, los porcentajes son:
- Cifra Oficial (3.690.259) sobre población: 8,02 %
- Número de personas paradas (4.137.400) sobre población: 8,99 %
- Cifra Oficial sobre personas activas: 15,98 %

A mí me parece que las cifras que hay que manejar son: 4.137.400 parados, que representan un 17,92 % de la población activa

A 24.7.10, el número de personas sin empleo, según la EPA, es de 4.645.500, el 23 % de la población activa. **Ver POBLACIÓN ACTIVA**

24.10.10. 4.574.700. HA BAJADO EN 70.800 PERSONAS
28.10.11. 4.978.300.

- **EFECTO CALENDARIO.** Impacto de ciertos sectores en períodos concretos del año. Por ejemplo, si Semana Santa cae en Marzo, puede bajar el paro ese mes por el turismo que viene. Si es en Abril, bajará en ese mes. Por eso, hay que tener cuidado al comparar los datos de un año y otro. O sea, hay que *"desestacionalizar"* los datos.

- **PARO DE MUY LARGA DURACIÓN.** Cuando un desempleado lleva dos años sin trabajar.

- **PARO REGISTRADO.** Número de personas que, estando apuntadas al paro, no tienen ningún trabajo a final de mes.

PARTICIPACIONES PREFERENTES. Procedimiento de algunas entidades financieras para captar capital. Características:
- No se amortizan
- Su mercado es poco líquido
- A menudo, la entidad que lo hace, las recompra a un precio inferior al nominal
- La retribución está sujeta a que la entidad obtenga los beneficios suficientes (el porcentaje de beneficios destinado al pago de intereses no puede superar el beneficio distribuible del año anterior).

3.6.09. Caja Madrid ha colocado 2.700 M € en las siguientes condiciones:
- Rentabilidad del 7 % durante los 5 primeros años
- A partir de esa fecha, Euribor a 3 meses + 4.75 %, a pagar trimestralmente

Comentario: No sé por qué, pero esto de las participaciones preferentes no me gusta.

5.6.09. Se han animado y están intentando colocar participaciones de éstas Banesto, Caixanova, la Caixa, Caja Canarias y Caja Murcia.

Comentario: ¡Estos chicos...!

26.2.12. Caixa Banc convierte sus participaciones preferentes en:
- obligaciones subordinadas a 10 años
- y obligaciones convertibles en acciones del Banco.

Obligaciones subordinadas:

interés entre el 4 y el 5 % anual
en 10 años recibirán íntegra la cantidad invertida
si necesitan antes el dinero, las podrán vender en el mercado secundario

Obligaciones convertibles:

interés anual del 6.7 %
el 30.6.12, la mitad se convertirá en acciones de Caixa Banc
el 30.6.13, la otra mitad

En el proceso de conversión, Caixa Banc no cobrará comisiones.
El que no acepte esta oferta (el 26.1.12 la ha aceptado el 90 % de los que tenían participaciones preferentes) se quedará con esas participaciones.

10.3.12. Caja Sur recompra sus participaciones preferentes al 100 % de su valor nominal, contratando una imposición a plazo fijo con vencimiento a 3 años y que cuenta con la garantía del Fondo de Garantía de Depósitos.

PARTNERSHIP. Modelo de negocio en el que los socios se hacen con la Compañía, que, aunque independiente, sigue operando bajo la misma marca matriz.

PASAPORTE COMUNITARIO. Entidades financieras se están implantando en España en régimen de libre prestación de servicios, sin establecimiento permanente. Es suficiente que el supervisor del país de origen envíe la información requerida al supervisor del país receptor. *(En nuestro caso, el Banco de España)*

En otras palabras, el sistema de pasaporte financiero permite a una entidad financiera utilizar la licencia de los reguladores de su país para operar en otros estados miembros de la UE.

Esto es un problema para los bancos con sede en el Reino Unido. El Brexit les retira el pasaporte financiero.

PASIVHAUS. Estándar de construcción que se basa en la aplicación de soluciones de construcción pasiva, o sea, el aislamiento, climatización, suministro de aire fresco del exterior, etc.

PATENT TROLL. Patente de invenciones obvias para extorsionar posteriormente al que las necesite utilizar. (V. Enrique Dans, *Expansión,* 19.10.12).

PATIO MAN. El americano que tiene una casa que cada vez vale menos en una urbanización relativamente nueva; ha aplazado la compra de un coche nuevo y ni quiere mirar su plan de pensiones.

PAY OUT. Porcentaje del beneficio neto que se reparte como dividendo.

PCC, PACTO DE ESTABILIDAD Y CRECIMIENTO DE LA UE.
Marca:
El límite del déficit máximo al que pueden llegar los estados miembros. Este límite es del 3 % sobre el PIB.
El límite de la deuda pública, que no puede pasar del 60 % sobre el PIB.

PEAJE EN LA SOMBRA. El peaje por el uso de la infraestructura no recae en el usuario, sino en la Administración pública, a través de una fórmula que calcula los flujos medios de tráfico.

PEAK OIL. Teoría que dice que la producción mundial de crudo ha tocado techo. Que no hay más.

PEER TO PEER (P2P). Redes de intercambio de ficheros entre usuarios.

PENA DEL TELEDIARIO. VER PERP WALK.

PEP, PERSONAS POLÍTICAMENTE EXPUESTAS. Cuando algún PEP llega a un banco con mucho dinero, se puede sospechar que allí hay algo sucio.

PEPP, PROGRAMA DE EMERGENCIA DE COMPRAS POR LA PANDEMIA. Marzo 2020 El BCE empieza a comprar deuda (fabricar dinero). Empieza por 750.000 millones. Junio 2020. 600.000 millones más. Noviembre 2020. El mercado pide más. Seguramente, en Diciembre.

PER, PLAN DE EMPLEO RURAL. Da derecho a seis meses de desempleo por cada 35 días trabajados. Se utiliza en Extremadura y Andalucía.

PER (PRICE/EARNINGS RATIO). Veces que el precio de una acción incluye el beneficio.

PERÍMETRO DE LA HERENCIA. VER HERENCIA INTESTADA.

PERMUTA DE INTERESES. VER IRS.

PERP WALK. Lo que le hicieron en Julio 2011 a Strauss-Kakn: ponerle esposas y sacarle en TV, como castigo adicional. Lo de Perp Walk viene de Perpetrator Walk, el paseo que se le da al *"perpetrador"*.

PERSISTENCE. Capacidad de un **DRONE** o de un satélite para estarse quieto vigilando un objetivo. Mientras el objetivo está quieto, no pasa nada. Pasa cuando se mueve. Ver **DRONE**.

PERSONAL SHOPPER. Asesor personal de compras. Te acompañan *"de tiendas"* para elegir lo más adecuado.

PERT. Planning Evaluation Technique Review. Herramienta de planificación que me dio muy buenos resultados en los últimos 40 años.

PETRÓLEO.
Crudo pesado y crudo ligero. El ligero es más líquido y puro, necesita menor proceso de destilación y, por tanto, es más barato de transformar. Se encuentra, sobre todo, en países árabes y a poca profundidad.
El pesado se encuentra, por ejemplo, en Latinoamérica, en aguas más profundas. Es menos atractivo de cara a la rentabilidad. La escasez de crudo ligero hacer que las petroleras exploten yacimientos que antes se descartaban.

Bloque en adjudicaciones offshore (en el mar.) Equivale a un campo en tierra. Son parcelas o zonas que el Gobierno saca a concurso para que se realicen prospecciones en busca de yacimientos. Se pueden encontrar varios pozos en el mismo bloque.

Barril equivalente de petróleo (BEP.) Las reservas de petróleo se miden en barriles (un barril = 159 litros) y las que incluyen gas, en barriles equivalentes de petróleo, una medida de energía igual a 1.700 Kw de electricidad

(los suficientes para iluminar una bombilla de 100 vatios durante 17.000 horas.)
Finding costs. Coste de hallar las reservas.
Development costs. Cose de desarrollarlas.
Lifting cost. Coste de extraerlas.

PGC. PLAN GENERAL CONTABLE.

PHARMING. Programa que se descarga en el ordenador de un usuario sin que éste se entere. Se activa cuando el usuario decide entrar en la web de su entidad bancaria. En ese momento, el programa roba la información de acceso (nombre de usuario y contraseña) y la manda a un ordenador remoto. Allí, un hacker o pirata informático puede disponer de toda la información y realizar una estafa bancaria.

PHISHING. Salir de pesca por Internet para estafar a alguien.

PIANISTA. Diputado que vota por sí mismo y por uno que no ha venido.

PIB. Producto Interior Bruto. Bienes y servicios producidos en un país en un año.
Crecimiento del PIB en volumen encadenado =
Crecimiento en téminos reales = Crecimiento a precios constantes.

PICAS. Ingresos tributarios de las Comunidades Autónomas.

PIF. Modelo de decisión de la *protoimagen* (¡!) de la empresa, cuando el CEO dirige la empresa en función de la visión que tiene de ella. Inventado por Kimio Kase, profesor de Dirección General en el IESE. **(V. PA)**

PIGS. Nombre que hace referencia a los países de la eurozona que tuvieron problemas. Son Portugal, Italia, Grecia y España. **VER EURO ÁREA 4**

PIIGS. A los **PIGs** originales se les unió Irlanda.

PILA DE COMBUSTIBLE. Genera electricidad y vapor de agua a partir de la combinación de hidrógeno y oxígeno.

PILAR SOCIAL EUROPEO. Declaración política que consta de 20 principios y derechos que se comprometen a respetar todos los países europeos en el diseño de sus respectivas políticas internas. Aprobado en Göteborg en Noviembre 2017.

PINGÜINIZACIÓN. Según Antonio Núñez, analista de redes sociales, en La Vanguardia de 21.7.11, consiste en que "nos apiñamos cada vez más en menos espacio, pero más interconectados con densas redes sociales. En ellas, graznamos todos a la vez de forma ensordecedora. Por eso, tenemos que desarrollar mecanismos sofisticados para que nuestros mensajes no se pierdan en el griterío".

PIPE. Plan de Iniciación a la Promoción Exterior, para empresas pequeñas.

PITUFEO. Técnica para blanquear capitales. Consiste en abrir cuentas a nombre de entidades bien vistas socialmente en las que distintas personas realizan pequeños depósitos para eludir el registro de grandes transacciones en efectivo.

PIVE. Plan de incentivos a la compra de automóviles.

PKT. Tráfico de las líneas aéreas medido en pasajeros por kilómetro transportados.

PLAN DE JUBILACIÓN DE FUNCIONARIOS. Fondo que cubre las jubilaciones privadas de los funcionarios.

PLAN DE RECUPERACIÓN, TRANSFORMACIÓN Y RESILIENCIA. 2020 Lo que vamos a hacer con los 140.000 millones de euros que la UE nos va a hacer llegar.
Bascula sobre 4 grandes ejes:
Transición ecológica
Transformación digital
Igualdad de género
Cohesión social y territorial

PLAN PREPARA. Ayuda de hasta 450 euros a los desempleados de larga duración que hayan agotado prestaciones o que tengan cargas familiares. En España lleva funcionando desde Diciembre 2011.

PLAN PREVER. Durante 10 años, hasta 2007, ha contribuido al achatarramiento de 3.2 millones de vehículos en España y ha evitado la emisión a la atmósfera de 4 M de toneladas de CO_2.

PLAN SATELITAL. En los PGE 2017, plan de ayudas de 400 a 450 euros para las personas o negocios que viven o trabajan en zonas blancas (zonas sin cobertura de Internet).

PLANES DE PONZI. Operaciones financieras fraudulentas.

PLATAFORMA SEGREGADA. Se sitúa en el centro de una autopista, con dos carriles separados del resto de la circulación mediante barreras de obra, llamadas *New Jersey*. En España, es el carril bus-VAO.

PLV. Publicidad en el lugar de venta. En inglés, **POS**, publicity on site.

PLEA BARGAIN. En el sistema judicial americano, oferta que realiza el fiscal al acusado: una pena reducida a cambio de que se declare culpable.

PMI, PURCHASING MANAGERS´ INDEX. Indicador que refleja la situación económica de un país basándose en los datos proporcionados por una encuesta mensual de los gestores de Compras de empresas representativas.

POBLACIÓN ACTIVA. Ocupados + parados que buscan empleo.

POBREZA.
Según las Naciones Unidas, la sufre la persona que vive con 2 dólares o menos al día..
En España la mide la Encuesta de Condiciones de Vida, con datos homologables con el Índice Europeo de Riesgo de Pobreza (Arope).
La sufre la persona que gana una cantidad inferior al 60% de los ingresos medios. Concretamente, en mayo 2015, 7.961 euros,

PODCASTING. Servicio que permite crear una *"radio a la carta"*, mediante la suscripción a contenidos de audio que descargan de forma automática.

POLÍTICA ECONÓMICA O ECONOMÍA APLICADA. Conjunto de objetivos e instrumentos que utilizan los gobiernos para influir en el conjunto de la economía, llevándola en la dirección que consideran más conveniente para el bien común. (Joaquín Muns, *La Vanguardia*, 27.5.12).

POOL ELÉCTRICO. Mercado mayorista de electricidad, donde compran la electricidad las comercializadoras (las que no tienen generación propia, como Gas Natural, por ejemplo.) **Ver MERCADO DE RESTRICCIONES.**

POP UP. Mensaje que te avisa de las ventajas que tienes si aceptas la instalación de **cookies** en el ordenador. **Ver COOKIES y BEHAVIOURAL ADVERTISING.**

POP UP STORE. Tienda itinerante que ofrece productos durante un determinado tiempo.

PORQUERÍA. Ver NPL.

PORRAJMOS. Holocausto gitano a manos de los nazis. En lengua romaní, significa *devorando*.

PORTABILIDAD. Sistema que permite a un usuario cambiar de operadora telefónica y mantener su número.

POS. Ver PLV.

POSICIÓN BAJISTA, POSICIÓN CORTA, SHORT SELLING. Estrategia que saca provecho de las caídas de un valor. Consiste en tomar prestadas acciones de un inversor. En cuanto las tengo, las vendo. Luego espero a que bajen y las compro a ese precio más barato. Se las

devuelvo a su dueño, pagándole un alquiler o una comisión.
Comentario. Los mal intencionados pueden pensar que, durante el período en que tengo esas acciones, haré todo lo posible para que bajen.

POSICIÓN DE UN INVERSOR. Inversión que ese inversor ha hecho. *Societé Génerale* deshizo las posiciones (50.000 M €) que había hecho un empleado suyo, Kerviel, y, al deshacerlas rápidamente, perdió 4.930 M €.

POSTNUPS. Acuerdos postnupciales, similares a los prenupciales, con respecto a la partición de los bienes conyugales, con la salvedad de que se firman después de la boda. Por lo menos un Fondo americano se niega a aceptar nuevos socios hasta que hayan firmado un acuerdo postnupcial que impida que uno de los cónyuges, en caso de divorcio, reclame su parte del Fondo, antes del vencimiento.
Comentario: ¡Qué difícil es casarse!

POSVERDAD. ¡LA PALABRA DEL AÑO 2016! Lo que antes se llamaba mentira.

POTUS. President of the United States.

POWER PLATE. Plataforma vibratoria para hacer deporte. Dicen que en pocos segundos ejercita la musculatura, activa la circulación y recupera la masa ósea.

PPP. PUBLIC PRIVATE PARTNERSHIP. Fórmula de cooperación público-privada que se iba a utilizar ahora en la construcción y gestión de una cárcel por Ferrovial en Cataluña. (No sé si al final se hizo).

PRECARIEDAD LABORAL. Bajo salario/encadenamiento de contratos laborales cada vez más cortos/malas condiciones de trabajo.

PRECIO DE EJERCICIO. V. DERIVADOS.

PRECIOS DE LOS CARBURANTES. En febrero 2012 incluyen:

Impuesto sobre hidrocarburos
0,4 € por litro de gasolina
0,3 € por litro de gasóleo
Impuesto a la Venta Minorista de Determinados Hidrocarburos (IVMDH)
IVA

PRECIOS DE REFERENCIA. Fijados anualmente por el Ministerio de Sanidad, recortando el precio de los fármacos cuya patente ha caducado y que cuentan con versiones genéricas.

PRESIÓN FISCAL. Peso total que supone la recaudación de impuestos y cotizaciones sociales costeados anualmente por los ciudadanos y empresas con respecto a la riqueza que generan en ese mismo período de tiempo, medida a través del PIB.

PRESS CLIPPING. Resumen de prensa.

PRESTACIÓN ACCESORIA. Cuando los padres venden acciones de la empresa a los hijos, se les puede exigir que realicen una prestación accesoria, es decir, que trabajen en la empresa. Si dejan de hacerlo, deben revender sus acciones al resto de los socios. *(La* *prestación accesoria puede exigirse en cualquier tipo de empresa en la que los socios trabajen en la empresa).*

PRÉSTAMO CON AMORTIZACIÓN BULLET. El principal, o sea, lo prestado, se paga enteramente al vencimiento.

PRÉSTAMO VERDE. El dinero será dedicado a proyectos medioambientales, sostenibles, responsables.

PRÉSTAMO DE VALORES. Figura similar al alquiler. El propietario de los valores los presta, por un tiempo determinado, a cambio de una comisión con un aval. El prestatario recibe los valores con total uso y disfrute.

En la Bolsa española, en mayo 2007 estaban en préstamo 7.600 M de títulos, o sea, casi un 20 % de los valores admitidos a cotización.

Febrero 08. Hay mucho interés por alquilar títulos del Banco Sabadell y del Banco Popular. Los inversores que alquilan títulos tienen la perspectiva de que estos títulos van a bajar de precio, con lo que los venden inmediatamente en el mercado y los compran cuando baje el precio.

PRESUMED CONSENT (PRESUNTO CONSENTIMIENTO)
Se presupone la voluntad de una persona de donar los órganos, a su muerte, a no ser que explícitamente se haya hecho una declaración en contra.

PRETEND AND EXTEND. Pretender que un país acabará pagando y extender los plazos de amortización lo más posible.

PREVENTAS RESIDENCIALES. Reservas de viviendas en construcción.

PRICE-RENT RATIO. Relación entre el precio de una vivienda y lo que se paga por alquiler anual.

PRIMA DE CONTROL. Cantidad que paga una Compañía, por encima de la cotización de las acciones, por hacerse con el control de otra.

PRIMA DE RIESGO. Ver RIESGO PAÍS Y PUNTO BÁSICO. La diferencia que hay entre lo que le cuesta a un país el dinero que le prestan y lo que le cuesta a Alemania.
18.7.17. Está a 99,8 puntos.
Hace 5 años, estaba a más de 600.

PRIMARY EFFECT (EFECTO PRIMERA IMPRESIÓN) O REGLA DE LOS 15 SEGUNDOS. Juicio duradero que, en ese lapso de tiempo, nos formamos sobre cualquier persona a la que vemos por primera vez. Cualquier información posterior la interpretaremos a la luz de ese inicial juicio sumario. *(La "regla de los 15 segundos" es definición de Michael Shea, diplomático británico experto en relaciones públicas).*

PRISM. Un programa de la NSA (National Security Agency) americana que permite el acceso a los datos de Compañías de Internet. **Ver PROYECTO MUSCULAR.**

PRIVATE EQUITY. Ver CAPITAL RIESGO.

PRIVATE FINANCE INITIATIVE (PFI.) Las empresas se adjudican los proyectos de la Administración pública, asumiendo íntegramente el coste de construcción a cambio de cobrar un canon o alquiler anual. La Generalitat quería hacer esto en Cataluña con las cárceles. No sé si lo ha hecho.

PRIVILEGIE DER VISCSCHERIE. En 1666, Carlos II de Inglaterra, agradecido por la hospitalidad de la ciudad flamenca de Brujas en su exilio, le concedió el privilegio de que 50 barcos de Brujas tuvieran derecho eterno a pescar en aguas británicas.
2020. El embajador belga ante la UE ha sacado este tema para indicar que, aunque fracasen las negociaciones Reino Unido-UE, Brujas (UE) ejercerá su derecho a pescar en aguas británicas.

PROANA. Movimiento de personas que se reivindican anoréxicas o aspiran a serlo. **Ver THINSPIRATIONS.**

PROCESO DE BARCELONA. Proyecto lanzado en 1995 con el objetivo de crear mecanismos políticos y económicos que impulsen el desarrollo del Norte de África.

PROCESO DE BOLONIA. Plan para crear el *Espacio Europeo de Enseñanza Superior (EEES),* que permitirá armonizar los sistemas de educación, y hará posible comparar las titulaciones universitarias, analizando el peso de unas frente a otras, con el fin de favorecer la movilidad de profesionales entre países.

PRODUCT PLACEMENT. Productos que se colocan en una película, de manera que el espectador los vea, a modo de publicidad "de pasada". Por ejemplo:
Omega paga 10 M de $ para que *James Bond* utilice sus relojes
Repsol afirma que no paga nada para que el *Dr. House* lleve la *Honda CB 1000 Fireblade* con los colores de la empresa.

PRODUCTO INDUSTRIAL BRUTO (PIB). Total, de bienes y servicios producidos en un año en una nación.

PROFESOR SOMBRA. Profesor que durante un par de semanas ve trabajar a los empleados de una empresa, enterándose a fondo del funcionamiento de la misma. Esto le sirve para llevar sus conocimientos al aula y redactar casos.

PROFIT WARNING. Revisión a la baja de la previsión de resultados. Suele traer, con frecuencia, una bajada en la cotización de la empresa.

PROGRAMA BLENDED. Programa de formación que mezcla las modalidades online y presencial.

PROGRAMA DE ALIVIO DE ACTIVOS EN PROBLEMAS. En EEUU, plan de rescate a la banca. *Comentario:* Cada vez les salen mejor los nombres.

PROGRAMA DE CLEMENCIA. La CNMC exime o reduce la multa a aquel miembro del Cartel que delate el acuerdo o aporte pruebas suficientes de su existencia. **Ver CARTEL y CNMC.**

PROGRAMA DE PROTECCIÓN DE CLUBS DE LA FIFA. La FIFA compensará económicamente las pérdidas sufridas por los clubs cuando un jugador de un club se lesione en un partido de la selección.

PROJECT BONDS. Bonos emitidos (o sea, créditos solicitados) para financiar un proyecto de infraestructuras. *Junio 2012.* ACS, Acciona y Ferrovial quieren emitir **Project bonds** con la garantía de los estados miembros de la eurozona. Es una iniciativa pionera y puede ser el germen de los **EUROBONOS**.

PROJECT FINANCE. El proyecto financiado avala el crédito.

PROJECT FINANCE INITIATIVE (PFI). Un operador privado asume la gestión y los riesgos de un servicio público a cambio de un pago de la Administración.
Noviembre 07. Gallardón estudiaba privatizar de este modo el alumbrado de *Madrid*. No sé cómo acabó.

PROMOCIÓN DEL CORONAVIRUS. Los graduados este año de 2020.

PROSOPOGRAFÍA. Descripción del aspecto exterior de una persona.

PROSUMER. Mercado de móviles para clientes que los usan para otras aplicaciones distintas del simple contacto telefónico, como ocio, e-mails, etc.
Encuentro otra definición: "Grupo de consumidores que se une para lograr mejores precios de una determinada marca".

PROTOCOLO DE KIOTO. Acuerdo que pretende garantizar un compromiso internacional para la lucha contra el fenómeno del cambio climático, a través de la reducción de las emisiones de gases.
Cada país y cada empresa en cada país tiene una cuota asignada de derechos de emisión de CO_2. Si la empresa supera esa cuota, tiene que adquirir derechos de emisión en el mercado. Estados Unidos no ha firmado el Protocolo.

Las empresas están buscando fórmulas para abaratar la adquisición de derechos de emisión. Una de ellas es el

FONDO ESPAÑOL DE CARBONO, instrumento de inversión diseñado por el Gobierno español y el Banco Mundial para cumplir el Protocolo de Kyoto, que destinará su patrimonio a proyectos limpios en países en desarrollo, que generarán créditos de CO_2. El precio de estos derechos estará entre 5 y 10 euros la tonelada, mientras que el derecho de CO_2 cotiza a 29,50 euros.
El Protocolo de Kioto no ha sido firmado por las dos naciones que contaminan más, China y Estados Unidos. Tampoco lo ha firmado la India. Rusia lo acaba de firmar, y, para animarle, le han dado una cantidad muy generosa de derechos.

Europa no consigue cumplir con los objetivos que se le marcaron.

PROVEEDOR AGRUPADOR. Empresa que, previa adjudicación, gestiona el sector de proveedores de su especialidad. De este modo, posibilita comprar al mejor precio y mejora el circuito administrativo. Por ejemplo: un amigo mío era proveedor agrupador de un fabricante de automóviles. Esto quiere decir que él se ocupa de una serie de proveedores que antes negociaban directamente con el fabricante. Ahora, el fabricante le encarga a él esos productos y él se los factura directamente, comprándoselos a los proveedores que el fabricante le ha indicado. Si mi amigo encuentra un proveedor mejor, se lo propone al fabricante.

PROXY ADVISOR. Asesores de voto internacionales, que en las Juntas de Accionistas votan en nombre de los que les han dado poderes. Están empezando a preocupar a los Consejos de las Compañías.

PROYECTO FÉNIX. Los bancos que han prestado dinero a empresas muy endeudadas, y que no pueden devolver esos préstamos, pero que se consideran viables, convierten esas deudas en capital. Hacen un cambio en el equipo gestor si es necesario y después siguen la marcha de la empresa. Además, financian el circulante y si todo va bien, venden la empresa. Se iba a poner en marcha en abril 2015. No sé si se puso.

PROYECTO "LÍNEA DE VIDA". Ver mi libro "La Crisis Ninja y otros misterios de la economía actual"

PROYECTO "MUSCULAR". Permite interceptar el flujo que circula por los cables de fibra óptica que conectan los datos de Google y Yahoo en el mundo. Ver **PRISM.**

PRUNCH. Ver VOCABLOS DE GOURMET.

PSPP, PUBLIC SECTOR PURCHASE PROGRAMME. Ver QE.

PTED, POST-TRAUMATIC EMBITTERMENT DISORDER. Lo que siente una persona cuando le falla algo en lo que había puesto ilusión. 2016. Por ejemplo, los votantes de Hillary Clinton cuando ha ganado Donald Trump.

PTSD, POST-TRAUMATIC STRESS DISORDER. Llamado también **COMBAT FATIGUE.** Desórdenes mentales que tienen los militares después de un tiempo en combate.

PUERTO SECO. Superficie de 300-500 Hectáreas, que permite redistribuir las mercancías que llegan en contenedores a un puerto. Debe estar conectado por vía férrea con el puerto y tener conexión de salida con ancho de vía europeo. (Ejemplo. *Puerto seco de Zaragoza.)*

PUNTO BÁSICO. Ver RIESGO PAÍS Y PRIMA DE RIESGO.

PUNTO LIMPIO. Centro logístico, en el que se instalan **sistemas** para eliminar los aceites y grasas producidos por las locomotoras, evitando posibles vertidos contaminantes.

PUNTO MUERTO. VER BREAK EVEN.

PUSH TO TALK. *"Pulsa y habla",* un servicio de llamadas de voz que funciona de manera parec*ida a los* walkie-talkie.

PUT. Ver DERIVADOS

PUTPOCKETS. 20 antiguos rateros *(pickpockets)* que, dándose cuenta de lo mal que lo está pasando la gente, pasean por Londres metiendo dinero en los bolsillos de la gente que pasa por ahí.

PVPC. Ver mi documento "La factura iluminada"

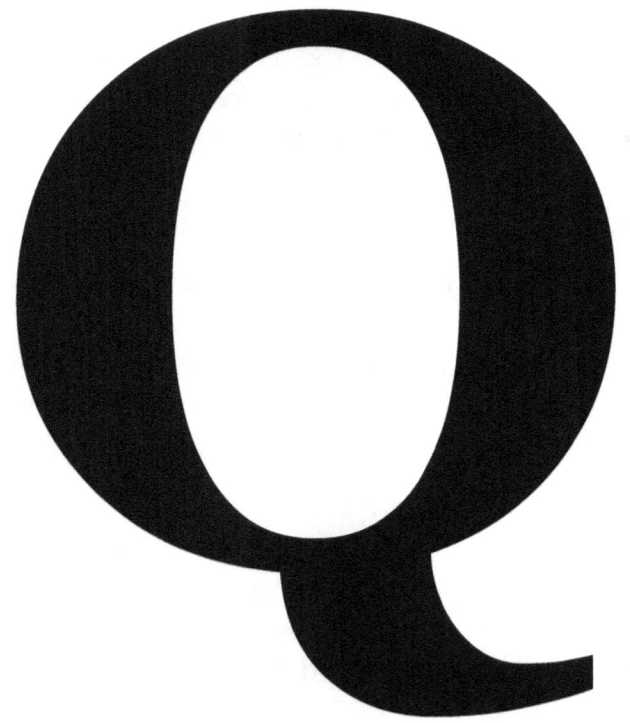

1. Q10
2. QE
3. QUOTATION

Q10. Programa de Calidad interna para medir la satisfacción de los empleados.

QE, QUANTITATIVE EASING. Expansión cuantitativa. O sea, echar millones de dólares a ver si la economía se anima. Esto lo hace la Reserva Federal Americana (RFA) comprando deuda de Estados Unidos. Es decir, Estados Unidos necesita dinero y la RFA se lo presta. En palabras más elegantes, el Estado emite deuda y la RFA se la compra. Como ya lo han hecho dos veces, a esta segunda vez (600.000 millones de dólares) le llaman QE2. A la tercera le han llamado QE3. Consiste en que van fabricando de ese modo 85.000 dólares al mes, sine die, por ahora. Julio 2013. Han cortado en 2015.

Prácticamente en el mismo momento, ha empezado la **QE** del **BCE**. Se compone de 4 sumandos:

- ***PSPP**, PROGRAMA DE COMPRAS DEL SECTOR PÚBLICO*
- ***CBPP3**, COMPRA DE CÉDULAS HIPOTECARIAS*
- ***ABSPP**, COMPRA DE TITULIZACIONES + DEUDA EMPAQUETADA*
- ***COMPRA DE DEUDA CORPORATIVA** (DEUDA DE EMPRESAS)*

Total, actual (agosto 2016): 80.000 millones de euros al mes.

QUOTATION. V. SERVICIOS QUE PRESTAN LAS BOLSAS.

1. RACCORD
2. RAINMAKER
3. RANSONWARE
4. RATING
5. RATIO BIS
6. RATIO DE COBERTURA
7. RATIO DE DESEMBOLSO
8. RATIO DE EFICIENCIA
9. RATIO DE MOROSIDAD
10. RATIO DE SERVICIO
11. RBE
12. REBRANDING
13. REC
14. RECHARGE IT
15. RED MUNDIAL DE REMESAS
16. RED NECKS
17. REDES SOCIALES
18. REDES SOCIALES PROFESIONALES
19. REDD
20. REFERÉNDUM
21. REFERRAL ECONOMY
22. REFLATION
23. REGLA DE ORO
24. REGLA DEL 37
25. REIT
26. REMAIN
27. REMESADORAS
28. REMUNERACIONES
29. RENADE
30. RENTA ACTIVA DE INSERCIÓN
31. RENTA BÁSICA DE CIUDADANÍA
32. RENTABILIDAD DE UNA VIVIENDA
33. REPO
34. REQUEST FOR PROPOSAL, RFP
35. RESIGNATIO IN FAVORE
36. RESILIENCIA, GRADO DE
37. RESOLUCIÓN 4K O UHD

38. RESOURCE CURSE
39. RPA
40. RESPONSABILIDAD SOLIDARIA
41. RESPONSABILIDAD SUBSIDIARIA
42. RETRIBUCIÓN FLEXIBLE
43. RETRIBUCIÓN
44. RESULTADO RECURRENTE
45. REUNIFICADORES DE CRÉDITOS
46. REUS, PARÍS, LONDRES
47. REVISIÓN A
48. REVISIÓN S
49. REVPAR
50. RFID
51. RIESGO DE LONGEVIDAD
52. RIESGO INDUCIDO O RIESGO MORAL
53. RIESGO PAÍS
54. RISK BASED PRICE
55. ROAD SHOW
56. ROAMING O ITINERANCIA
57. RLAH
58. ROBO ADVISOR
59. ROBO-SIGNERS
60. ROCKET DOCKET
61. ROE
62. ROGUE TRADERS
63. RSC
64. RSS
65. RUI

RACCORD. Cuando se graba una escena de una película en la que hay tomas intercaladas con otras, hay que procurar que todo lo que aparece en cámara esté siempre igual. O sea: si el protagonista, al entrar en la habitación lleva el flequillo a la derecha, hay que evitar que, treinta segundos más tarde lo lleve a la izquierda. (Esto pasa porque no lo graban seguido.) Cuando cambia el flequillo, se dice que hay un problema de *raccord* y se le pega una bronca al responsable.

RAINMAKER. Ejecutivos que logran que sucedan cosas. *(Supongo que son los que consiguen sus objetivos.)* **V. STARMAKER**.

RANSONWARE. Lo que ha pasado el 12 de Mayo de 2017 en Telefónica- Todos los ordenadores infectados, pidiendo rescate por cada uno de ellos.

RATING.
Según Standard & Poor´s:
Mayor calidad: AAA/AA/A/BBB
Alto riesgo (bono basura): BB/B
Probabilidad muy alta de impago: CCC/CC/C/D

RATIO BIS. Cociente que mide la solvencia de las entidades al relacionar los Recursos propios con el Activo. El mínimo recomendado por el *Banco de Basilea (BIS)* es del 8 %; esto es, las entidades financieras deben tener 8 € de Capital por cada 100 que hayan invertido.
(No sé si está actualizado).

RATIO DE COBERTURA. Cuando el Tesoro Público necesita dinero y emite deuda (pide prestado), la relación entre lo que necesita y lo que consigue.

RATIO DE DESEMBOLSO. Proporción de los ingresos de una familia que se destinan al pago de capital e intereses de los créditos que tiene dicha familia.

RATIO DE EFICIENCIA. Lo que gasta una entidad financiera por cada cien euros que ingresa.

RATIO DE MOROSIDAD. Porcentaje de créditos dudosos (en situación de impago durante más de 90 días) sobre el total de créditos que ha dado un banco.

RATIO DE SERVICIO. Cociente Plazo de entrega real / Plazo de entrega acordado. **PRÉSTAMOS/DEPÓSITOS EN UN BANCO.** En el Banco Sabadell, en 2007, 200/100. En Julio 2013, 120/100. Menos riesgo para los depositantes.

RBE, RENTA BÁSICA DE EMANCIPACIÓN. Derogada en 2012.

REBRANDING. Cambio de imagen corporativa.

REC. Julio 2020. Moneda de Barcelona, presente en 160 comercios y que circula por unos cuantos barrios.

RECHARGE IT. Programa de coches verdes (ecológicos) de la Fundación Google.

RED MUNDIAL DE REMESAS. Constituida por el Instituto Mundial de Cajas, supongo que para gestionar las remesas de dinero que se hacen en el mundo a través de Cajas de Ahorro. Se iba a llamar IRNA, pero ése es el nombre de la Agencia de Prensa iraní. No sé cuál será el nombre definitivo.

RED NECKS. En USA, trabajadores del campo.

REDES SOCIALES. Espacios a través de los que se ponen en contacto e intercambian información personas con algún tipo de afinidad.

REDES SOCIALES PROFESIONALES. Espacios en los que los usuarios se registran gratis, crean un perfil-curriculum, entran en contacto con personas interesantes desde el punto de vista profesional y participan en foros de su sector. Por ejemplo, **LINKEDIN.**

REDD. REDUCING EMISSIONS FROM DEFORESTATION AND FOREST DEGRADATION, Plan de las Naciones Unidas por el que gobiernos y compañías de naciones industrializadas pagan a naciones en vías de desarrollo para que no corten árboles y así haya menos emisiones de CO_2.

REFERÉNDUM. Según el Tribunal Constitucional español, es referéndum cuando la consulta se hace a través del censo. <u>Marzo 2011.</u> El Govern de Catalunya propondrá consultas que eludirán el censo oficial. Bastará con presentar, por ejemplo, la tarjeta sanitaria o, más probablemente, se creará un registro voluntario. (Supongo que será como un censo paralelo.)

REFERRAL ECONOMY. V. SHARED ECONOMY.

REFLATION. <u>Noviembre 2016.</u> Aumento de las perspectivas de crecimiento e inflación provocado por la victoria de Donald Trump.

REGLA DE ORO. Compromiso de mantener el equilibrio presupuestario en un país. Julio 2011. Modificación exprés de la Constitución española en este sentido.

REGLA DEL 37 %. Ver JUEGO DEL GOOGOL.

REIT, REAL ESTATE INVESTMENT TRUST. Modelo por el que las empresas cotizadas en Bolsa que se dediquen exclusivamente al alquiler de inmuebles quedan exentas del pago del Impuesto de Sociedades. Funciona en Francia, Bélgica, Holanda, Reino Unido y USA. En Octubre 07, el Ministerio de Vivienda aboga por implantarlo en España. En Francia se llaman **SIIC (Societés d´Investissements Immobiliers Cotées)** y en España, Sociedades de Inversión en el Mercado Inmobiliario, **SOCIMI. VER SOCIMI.**

REMAINERS. En la campaña por el Brexit, los que se querían quedar en la UE.

REMESADORAS. Empresas dedicadas al envío internacional de dinero.

REMUNERACIONES. Están aplicándose variables en forma de SUELDOS LIBRES DE IMPUESTOS, o sea, beneficios sociales personalizados para cada directivo, por los que éste no tiene que pagar a Hacienda. Hasta ahora, los más comunes eran:
Seguro médico
Guardería
Plan de pensiones
Cursos de formación

Las fórmulas más novedosas son:

Pago de vacaciones a medida
Colegio de los hijos
Hipoteca
Seguro del coche

Ventajas:
El directivo no tiene que pagar más impuestos
Para la empresa no es un gasto fijo

- FACTORES QUE INFLUYEN EN LA FIJACIÓN DE SALARIOS
  - Cifra de ventas de la Compañía
  - Número de personas que dependen del directivo
  - Participación de capital extranjero en el accionariado. Las Compañías exclusivamente españolas pagan menos.
  - La edad, ya que es un indicador de experiencia
  - La relación que el ejecutivo tenga con el Consejo de Dirección
  - Poseer la formación adecuada

RENADE. Registro Nacional de Derechos de Emisión de CO_2.

RENTA ACTIVA DE INSERCIÓN. Dirigida a personas con muchas dificultades para encontrar trabajo. Por ejemplo; desempleados mayores de 45 años que han agotado todas las prestaciones, españoles retornados de la emigración y sin ingresos, las víctimas de violencia por parte del cónyuge, las personas con un alto grado de discapacitación, etc. No ha tenido éxito.

RENTA BÁSICA DE CIUDADANÍA. Una cantidad que el Estado pagaría a cada ciudadano, sin tener en cuenta el nivel de ingresos y si trabaja o no, para cubrir sus necesidades básicas de vida, y que se financiaría con impuestos o por otros medios.

RENTABILIDAD DE UNA VIVIENDA. Alquiler menos gastos + revalorización de la vivienda. (Si se produce).

REPO. Préstamos con títulos de deuda como garantía. (O sea, un banco presta dinero al Estado, que, como recibo, le da un título de deuda. Con este título como garantía, el banco pide prestado dinero en el interbancario.)

REQUEST FOR PROPOSAL, RFP. Solicitud de propuesta de servicios.

RESIGNATIO IN FAVORE. Figura jurídica, que no sé si existe ahora, que consistía en que un funcionario, al jubilarse o fallecer, cedía su cargo a un hijo o familiar.

RESILIENCIA, GRADO DE. Capacidad de recuperarse frente a la adversidad.

RESOLUCIÓN 4K O UHD (ULTRA HIGH DEFINITION). La TV se ve mucho mejor.

RESOURCE CURSE, LA MALDICIÓN DE LOS RECURSOS. Paradoja por la que los países dotados de abundantes recursos naturales son, con frecuencia, menos estables, menos democráticos y menos desarrollados que los que no los tienen.

RPA, RESPONSABILIDAD PATRIMONIAL DE LA ADMINISTRACIÓN.

Abril 17. Lo que ha pasado en las autopistas en quiebra, que son:
Las R-2, R-3, R-4, R-5, la AP-41, el eje del aeropuerto de Barajas; la circunvalación de Alicante y el tramo de la AP-7, entre Cartagena y Vera.
Al no llegar al tráfico que la Administración había dicho que se llegaría, las autopistas se declaran en quiebra y la Administración, que no pagó nada para la construcción, tiene que quedarse con las autopistas.
Abril 17. La Administración vuelve a licitar de nuevo las autopistas, para ver si alguien se las quiere quedar y para no llevar ella (la Administración) las autopistas, cuyo mantenimiento cuesta 65 millones al año.

RESPONSABILIDAD SOLIDARIA. Obligación de varias personas sobre una misma deuda. Si no se paga, cada una es responsable de pagar la cantidad total.

RESPONSABILIDAD SUBSIDIARIA. La del avalista.

RETRIBUCIÓN FLEXIBLE. Combinan el pago monetario con otras fórmulas de compensación en especie, que tienen que ver con la calidad de vida. Se le llama también **RETRIBUCIÓN EMOCIONAL.**

El Santander contempla un menú de 7 productos y servicios que el directivo puede recibir a cambio de una parte de su salario monetario. Son los siguientes:
 Seguro médico
 Seguro de vida
 Renting para un primer vehículo
 Renting para un segundo vehículo
 Seguro de ahorro
 Ordenador
 Cursos de formación

La Retribución flexible no es obligatoria. Es una opción al salario fijo habitual. Sustituye, como máximo, al 25 % de éste.

RETRIBUCIÓN VARIABLE. La que complementa la fija. Puede ser de distintos tipos:

- **BONO POR DESEMPEÑO.** El más frecuente. Se cobra en función de unos resultados individuales y colectivos previamente marcados.
- **BONO DIFERIDO**. Se cobra a un plazo más largo que el habitual. Por ej., tres años.
- **BONO DE MÁXIMOS**. Bono adicional que se paga en el caso de superar los objetivos necesarios para conseguir el Bono normal.
- **OPCIONES SOBRE ACCIONES (STOCK OPTIONS.)** Contrato que reconoce el derecho a comprar determinado número de acciones de la empresa a un precio fijo en un plazo de tiempo previamente pactado. Si en ese período la acción sube, el poseedor de las acciones gana y puede venderlas con un beneficio.
- **PAGO EN ACCIONES.** Es como el bono, pero pagado en acciones de la empresa en lugar de en efectivo.

RESULTADO RECURRENTE. El que proviene de la marcha normal del negocio y que no tiene en cuenta los beneficios atípicos, o sea, aquellos que provienen de una buena operación, pero que, normalmente, no se repetirán en los años próximos.

REUNIFICADORES DE CRÉDITOS. Compañías que ofrecen unificar todas las deudas en un solo crédito hipotecario.

REUS, PARÍS, LONDRES. Un dicho que se refería al antiguo mercado de aguardiente, con las tres ciudades que marcaban los precios.

REVISIÓN A. La que se hace en los aviones cada 600 horas de vuelo.

REVISIÓN S. Id. cada 100 horas.

REVPAR. REVENUE PER AVAILABLE ROOM. Ingresos por habitación disponible para la venta, donde no están incluidas las habitaciones bloqueadas por motivos técnicos (revisión o reparación).

RFID, RADIO FRECUENCIA DE IDENTIFICACIÓN. Tecnología de identificación cuyos orígenes se remontan a la 2ª guerra mundial, consistente en la utilización de ondas de radio para recuperar la información contenida en una etiqueta (llamada también *tag* o *smart label*). Esta etiqueta se compone de un chip, donde se almacena la información, acoplado a una antena, que condiciona su alcance y permite la identificación individual de cada artículo. Al contrario de lo que pasa con el código de barras, la **RFID** no requiere una línea de visión directa ya que una etiqueta puede ser leída a través de madera, cartón, plástico, etc., y permite, además, la lectura simultanea de infinidad de etiquetas (por ejemplo, lectura completa de los artículos contenidos en un *palet* sin desmontarlo). Esta característica la hace adecuada para entornos agresivos (polvo, suciedad, humedad, etc.)

RIESGO DE LONGEVIDAD. Cómo financiar unas pensiones durante un mayor tiempo por longevidad *(los viejecitos no se mueren)* con unos recursos limitados. Cuando los viejecitos se compraban viviendas, era como si el Gobierno les transfiriese el riesgo de longevidad, porque se suponía que la vivienda que habían comprado seguiría subiendo de precio y el viejecito cada vez sería más rico, aunque las pensiones fallaran algún día.

RIESGO INDUCIDO O RIESGO MORAL. Ver MORAL HAZARD.

RIESGO PAÍS. En el caso de España, diferencia de rentabilidad entre el bono alemán y el español. O sea, que hemos de ofrecer más interés que los alemanes para conseguir que nos presten dinero. **Ver PRIMA DE RIESGO Y PUNTOS BÁSICOS.** En 2012 la prima de riesgo estaba a más de 600 puntos básicos. O sea, si Alemania pagaba el 1 % de intereses para que le prestasen dinero, nosotros teníamos que pagar unos intereses de 1 + 6 = 7 %, porque se fiaban poco de España. Ahora, Abril 2015, ha bajado mucho. El 7.4.15 está en 101,7 puntos básicos, o sea, pagamos 1,017 + lo que paga Alemania = 1.2 (Alemania paga 1.2 − 1,017 = 0,03 %.
El 18.7.17 está a 99,8 puntos básicos. O sea, nosotros pagamos 0,0998 + lo que paga Alemania.

RISK BASED PRICE. Negocio que consiste en dar crédito a un interés que varía en función del historial crediticio del cliente y de las expectativas de riesgo que su perfil pueda tener, a cambio de ninguna garantía. Los intereses son altísimos.

ROAD SHOW. Cuando una empresa va a salir a Bolsa, o hacer una ampliación de Capital o, cuando algunas entidades van a emitir deuda (o sea, necesitan dinero y van a intentar que se lo presten), el **road show** consiste en ir a ver a inversores institucionales, que son los que pueden comprar más acciones o más deuda.

Septiembre 2018. El Corte Inglés prepara un **road show** para conseguir 800 millones de euros con un interés del 3%.

ROAMING O ITINERANCIA. Uso del móvil fuera del país de origen, en el que se ha contratado el servicio.

RLAH, ROAMING LIKE AT HOME. 15 Junio 2017 Se pone en marcha la nueva política impuesta por la UE. El cliente no tiene que pagar nada extra por el uso que haga del móvil fuera de su país de origen.

ROBO ADVISOR. Gestor automatizado, que proporciona asesoramiento financiero y gestión de carteras mediante algoritmos y con la mínima intervención humana.

ROBO-SIGNERS. Personas sin formación financiera empleadas por entidades financieras americanas para firmar embargos de casas hipotecadas sin enterarse de lo que hacían. Hay quien ha firmado 400 embargos en una jornada.

ROCKET DOCKET. Un sistema de juicios rápidos que están usando los jueces en Estados Unidos.

ROE. Rentabilidad sobre Recursos propios.

ROGUE TRADERS. *Ver mi libro "La Crisis Ninja y otros misterios de la economía actual".*

RSC. Responsabilidad Social Corporativa.

RSS, REAL SIMPLE SYINDICATION. It´s a program that acts like a personal secretary who clips newspapers and magazines that you might be interested in and forwards them to your computer desktop. It is an *"aggregator",* a program that scans other websites that are also configured with RSS. It looks for key words or subjects, then downloads the content, so you don´t have to spend the time surfing. It is convenient for anyone who spends a lot of time returning to a favourite group of websites looking for updated postings. RSS does the searching automatically, saving you the time.

RUI. Referendum unilateral de independencia.

1. SAREB
2. SAAD
3. SALARIO MEDIANO
4. SALE AND LEASE BACK
5. SALLIES
6. SALTO BASE
7. SAPISEXUAL
8. SASTRERÍA BESPOKE
9. SAY ON PAY
10. SCOUTER
11. SCUPPY
12. SCREENSCRAPPERS
13. SCRIP DIVIDEND
14. SE
15. SEAT PITCH
16. SEC
17. SECOND LIFE
18. SECONDARY MANAGEMENT BUY OUT
19. SECONDMENT
20. SECTOR SERVICIOS
21. SEED
22. SEGMENTACIÓN
23. SEGURO C & O, D & O
24. SEGURO D & O. SEPARACIÓN DE LA PROPIEDAD
25. SENIORITY
26. SEPBLAC
27. SEPE
28. SERIE DE FIBONACCI
29. SERP
30. SERVANT LEADER
31. SERVICIO DE LA DEUDA
32. SERVICIOS QUE PRESTAN LAS BOLSAS
33. SESGO RETROSPECTIVO
34. SGE21
35. SGECR
36. SHADOW BANKING
37. SHARED ECONOMY

38. SHARED SPACE
39. SHARENTING
40. SHENGEN
41. SHOCK ADVERTISING
42. SHOPAHOLIC
43. SHOP-STOCK
44. SHORT SELLING
45. SIBE
46. SICAV
47. SIDE POCKET
48. SIFI
49. SIGNING FEE
50. SIIC
51. SILLAS CALIENTES
52. SILO DEPARTAMENTAL
53. SILVER BULLETS
54. SIMPA
55. SIN TAXES
56. SINDICATO
57. SÍNDROME DE LA BARRA DE ORO
58. SÍNDROME DEL NEXT QUARTER
59. SÍNDROME DEL SMARTPHONE
60. SÍNDROME MARCO POLO
61. SÍNDROME POSVACACIONAL
62. SINÉCDOQUE EXPANSIVA
63. SINGLE STREAM RECYCLING
64. SIP
65. SISTEMA DE METAS DE INFLACIÓN
66. SISTEMA DE PENSIONES
67. SISTEMA DE SOLIDARIDAD INTERTERRITORIAL
68. SITUACIONISMO
69. SIV
70. SKIMMING
71. SLEEP BOX
72. SLEEPING PARTNER
73. SLICKS
74. SLOT
75. SLOWFLATION
76. SLOW MOVERS

77. SLOW TRAVEL
78. SMALL CAP
79. SMALL-SCALE TERRORISM
80. SMARQUESINA
81. SMART CITY
82. SMART GRID
83. SMART LABEL
84. SMARTPHONE
85. SMI
86. SMOOTHIES
87. SNCE
88. SOBRECUALIFICACIÓN
89. SOCIEDADES INSTRUMENTALES FUERA DE BALANCE
90. SOCIMI
91. SOCIO PARLAMENTARIO PREFERENTE
92. SOFT COMMODITIES
93. SOFT POWER
94. SOFT SKILLS
95. SOFTWARE DE DOBLE USO
96. SOLOPRENEUR
97. SOTKA
98. SPA
99. SPINNING
100. SPIN-OFF
101. SPIT AND ACQUIT
102. SPLIT
103. SPOTIFY
104. SPONSORSHIP
105. SPR
106. SPREAD
107. STAGFLATION
108. STARMAKER
109. START UP
110. STAYCATION
111. STEERING COMMITTEE
112. STOCK
113. STOCK
114. STEP SUCCESFUL TRANSGENERATIONAL
115. ENTREPRENEURSHIP PROJECT

116. STOCK PICKERS
117. STREET MARKETING
118. STREETOCRACY
119. STRESS TEST
120. SUBASTA DE ENERGÍA
121. SUBASTERO
122. SUBWAY SURFING
123. SUDOKU
124. SUELDOS LIBRES DE IMPUESTOS
125. SUKUK
126. SUNFLOWER
127. SUNRISE PERIOD
128. SUPERÁVIT PRIMARIO
129. SUPERDELEGADOS
130. SUPERMAJORS
131. SUPER PAC
132. SURE
133. SWEETHEART DEALS
134. SWING STATES
135. SWIFT
136. SWOT

SAREB. SOCIEDAD DE GESTION DE ACTIVOS PROCEDENTES DE LA REESTRUCTURACIÓN BANCARIA. Ver BANCO MALO.

SAAD. Sistema de atención a la población afectada. Relacionada con la **Ley de dependencia** (2006-07), por la que se ayuda a las familias con una persona enferma que requiere que alguien esté con esa persona todo el día o unas cuantas horas.

SALARIO MEDIANO. El que recibe una persona en un punto ideal en el que la mitad de los asalariados gana más que él y la otra mitad, menos.

SALE AND LEASE BACK. Yo te vendo mi casa y me quedo de inquilino.

SALLIES, SENIOR AFFLUENT LADIES ENJOYING A SECOND SPRING. Señoras mayores, adineradas y liberadas, disfrutando una segunda juventud. VER **OPALS**.

SALTO BASE. Modalidad de paracaidismo con un traje de alas. Me parece que Álvaro Bultó se mató "volando" con un traje de estos.

SAPISEXUAL. La etiqueta que define a las personas que se sienten atraídas por la inteligencia del otro en búsqueda de experiencias que van más allá de lo físico.

SASTRERÍA BESPOKE. Confección a medida y hecha a mano. Prendas personalizadas y artesanales, el súmmum de la elegancia.

SAY ON PAY. Voto de los accionistas de una Compañía sobre la remuneración de los empleados de la misma. (O sea, yo, accionista, algo tengo que decir sobre lo que usted cobra.)

SCOUTER. Persona que capta las tendencias y recoge datos del mercado de forma no profesional. Sus hallazgos pueden ser utilizados por investigadores de mercado profesionales.

SCUPPY. SOCIALLY CONSCIOUS *(SOCIALMENTE CONSCIENTE)* + UPWARDLY MOBILE PERSON *(PERSONA CON POTENCIAL DE ASCENSO).* Persona que desea vivir bien mientras haga el bien. Dicen que Brad Pitt y Angelina Jolie son un ejemplo de scuppies.

SCREENSCRAPPERS. Quiere decir **"RASPADORES DE PANTALLA"**. Una aerolínea de bajo coste llama así a los portales de Internet que ofrecen sus servicios.

SCRIP DIVIDEND, DIVIDENDO FLEXIBLE. Se puede cobrar en acciones, en efectivo, o en una combinación de las dos modalidades.

SE. Sociedad Anónima Europea. Permitirá llevar a cabo una actividad empresarial en el ámbito comunitario mediante una Entidad jurídica regida directamente por el derecho comunitario. Esta Sociedad tiene como características:
    Su naturaleza de Sociedad
    La división de su Capital en acciones.
    La limitación de responsabilidad de cada accionista al Capital que ha suscrito.
    El deber de adoptar una denominación social que incluya, al inicio o al final, las siglas "S.E.".

> La obligación de que sus fundadores estén, inmediata o mediatamente, ligados a más de un Estado miembro de la Unión Europea.
> La localización de su sede social en uno de los Estados miembros.
> Su sujeción al registro en el Estado miembro en que se localice su sede social.

El Reglamento, vigente desde el 8.10.04, prevé expresamente que las S.E. sean reguladas también por el Derecho interno de los Estados miembros.

En España se añadirá un capítulo al texto refundido de la Ley de Sociedades Anónimas.

Octubre 05. La aseguradora alemana Allianz será el primer gran grupo que adoptará la denominación de Sociedad Europea. Pasará de ser Allianz AG a ser Allianz SE.

SEAT PITCH. En un avión, distancia desde el respaldo de un asiento al respaldo del siguiente. A más distancia, mejor puedes encajar las piernas.

SEC. Securities & Exchange Comission, regulador bursátil de EEUU, similar a la CNMV española. **Ver NORMAS CONTABLES.**

SECOND LIFE. Mundo virtual en la red, en el que se puede hacer todo tipo de operaciones.
- **Metaverso.** Universo virtual.
- **Avatar.** El personaje que se crea para actuar en dicho universo.

SECONDARY MANAGEMENT BUY OUT. Sustitución de la Compañía inversora que ayudó en la primera operación de *buy out*, por otra.

SECONDMENT. Equivale a "comisión de servicio". Se trata de la cesión temporal de un profesional a distinto departamento de la misma organización o a otra entidad, ya sea un cliente o un despacho amigo. *(Concepto del "Diccionario de la jungla legal", firmado por Marisa Méndez, Profesora del Área Jurídica, Instituto de Empresa Law School).*

SECTOR SERVICIOS. Ejemplos: sector bancario, comercio, consultoría, ingeniería, gestión de infraestructuras (aeropuertos, autopistas, etc.), gestión de aguas y basuras, hoteles, producción y distribución de energía, energías renovables, seguros, telefonía, etc.

SEED FINANCING O CAPITAL SEMILLA. Operación que se financia con las actividades previas al establecimiento de una empresa, es decir, la realización de estudios de mercado, el desarrollo de nuevos productos o líneas de negocio o la prueba de prototipos.

SEGMENTACIÓN. Descubrimiento de los distintos tipos de clientes a los que debe ofrecerse un servicio personalizado.

SEGURO C & O, D & O. Seguros de responsabilidad civil para consejeros y Directivos de las empresas ante demandas por situaciones derivadas de su gestión.

SEGURO D & O. SEPARACIÓN DE LA PROPIEDAD. Plan de la Unión Europea para separar las empresas que venden electricidad y gas de las que se ocupan de las redes de transmisiones (cables y conductos.)

SENIORITY. Preferencia en el cobro. Si yo tengo **seniority** y la empresa que hace suspensión de pagos pone en fila a sus acreedores, yo me pongo el primero.

SEPBLAC, SERVICIO DE PREVENCIÓN DE BLAQUEO DE CAPITALES E INFRACCIONES MONETARIAS. Depende del Ministerio de Economía.

SEPE, SERVICIO PÚBLICO DE EMPLEO ESTATAL.

SERIE DE FIBONACCI. *Fibonacci,* matemático italiano del siglo XIII, fue quien introdujo los números arábigos en Europa. La serie de Fibonacci se compone sumando siempre los dos números anteriores (1, 2, 3, 5, 8, 13...). El resultado de dividir cada número por el siguiente se acerca siempre a 0.617.

SERP. Ver MUS.

SERVANT LEADER. Líder que sirve a sus empleados y a sus clientes. Es capaz de identificar sus necesidades e intenta satisfacerlas. Se dice de ellos que son *"protectores de los recursos de sus organizaciones"*. **Ver LÍDER AMABLE**

SERVICIO DE LA DEUDA. Pago de los intereses más las amortizaciones del Capital.
<u>Comentario</u>: *O sea, el recibo de la hipoteca.*

SERVICIOS QUE PRESTAN LAS BOLSAS

> **Listing,** o servicio de admisión a la negociación.
> **Trading**, negociación del valor de las acciones en el mercado.

Quotation, publicación de los precios en el boletín de cotización.

SESGO RETROSPECTIVO. V. HINDSIGHT BIAS.

SGE21. Certificado de gestión ética y responsabilidad social.

SGECR, SOCIEDAD GESTORA DE ENTIDADES DE CAPITAL RIESGO. Ver CAPITAL RIESGO.

SHADOW BANKING. Presta dinero sin pasar por los bancos. **Ver DIRECT LENDING.**

SHARED ECONOMY. El intento de convertir toda la información que hay en todos los blogs en información utilizable y en negocio viable. (También llamada **TRUST ECONOMY O REFERRAL ECONOMY).**

SHARED SPACE. Un diseño de tráfico ideado por Hans Monderman, ingeniero holandés, que elimina las señales de tráfico, los semáforos, las marcas en el suelo y los bordillos. La teoría es: *"Si quieres que la gente se comporte como si viviera en un pueblo, haz que se sienta como si viviera en un pueblo"*. Es una teoría en fase de experimentación, pero que se está estudiando a fondo.

SHARENTING. Uso de las redes sociales pr los padres para comunicar todo tipo de detalles, incluso fotos, de los hijos.

SHENGEN, ÁREA DE. La zona de 26 países europeos en la que los miembros de esos países pueden viajar libremente sin pasaporte.

SHOCK ADVERTISING. Anuncios duros que pueden producir rechazo, pero que consiguen que la gente no se olvide de la marca.

SHOPAHOLIC. Ver ONIÓMANO.

SHOP-STOCK. Sistema de optimización logístico por el que las piezas son las que se acercan al operario en las líneas de producción y no al revés.

SHORT SELLING. Apuesta bajista, que consiste en tomar prestadas acciones para venderlas, esperar a que bajen y entonces recomprarlas más baratas. Luego se devuelven las acciones y te quedas con el beneficio. También se llama **VENTA AL DESNUDO, VENTA AL DESCUBIERTO, POSICIONES CORTAS, POSICIONES BAJISTAS O APUESTAS A LA BAJA.**

Febrero 2012. La **CNMV** levanta el veto a esta clase de operaciones.

SIBE, SISTEMA DE INTERCONEXIÓN BURSÁTIL ELECTRÓNICA. Ver IBEX 35.

SICAV. Sociedades de inversión colectiva que, bajo la forma de S.A., se dedican a la adquisición, tenencia, disfrute, administración y venta de valores mobiliarios y activos financieros.

SIDE POCKET. Procedimiento para que las entidades financieras puedan escindir sus fondos en dos, poniendo en un lado la porquería y en el otro, lo normal.

SIFI. Ver TOO BIG TO FAIL.

SIGNING FEE. Prima de fichaje.

SIIC. Ver REIT.

SILLAS CALIENTES. Una parte de la plantilla no tiene mesa ni espacio propio en las oficinas de la Compañía, y tiene que compartir, por turnos, mesas comunes. Esto se hace fundamentalmente para las personas que trabajan en áreas comerciales o técnicas, y, como consecuencia, trabajan mucho en la calle.

SILO DEPARTAMENTAL. Área de actividad que no se comunica con el resto, que hace que la información no fluya y molesta a todos. (El cásico tío que se guarda lo que sabe, por si acaso los demás saben tanto como él.)

SILVER BULLETS. Recetas mágicas (no existen.)

SIMPA, HACER UN. Irse sin pagar.

SIN TAXES. "Impuestos sobre el pecado". Típicamente, los impuestos sobre el tabaco y el alcohol.

SINDICATO. Ver INITIAL PUBLIC OFFERING.

SÍNDROME DE LA BARRA DE ORO. Mientras tengas oro, puedes estar tranquilo. Esto se puede ampliar a la vivienda. Eso de que mientras tengas ladrillos, no te preocupes.

SÍNDROME DEL NEXT QUARTER. Presión psicológica sobre los directivos para que presenten buenos resultados en el próximo trimestre. Puede dar lugar a toda serie de trampas contables.

SÍNDROME DEL SMARTPHONE. Problemas de congestión de las redes provocados por estos aparatos.

SÍNDROME MARCO POLO. Según Expansión, lo que están haciendo las constructoras y otras empresas yendo por el mundo para conseguir pedidos.

SÍNDROME POSVACACIONAL. Lo mal que se encuentra uno cuando vuelve a trabajar después de vacaciones y que yo creía que era pura vagancia.

SINÉCDOQUE EXPANSIVA. Tomar la parte por el todo. V. Manuel Conthe, en Expansión, 3.8.19.

SINGLE STREAM RECYCLING. Algunos Ayuntamientos y empresas de recogida en USA deciden separar las basuras ellos mismos, ya que consideran que la separación en casa es insuficiente.

SIP, SISTEMA INTEGRAL DE PROTECCIÓN. Mecanismo que permitía a diversas entidades financieras unificar parte de sus servicios en un holding, pero manteniendo plantilla, marca y red de oficinas por separado. Produce *"fusiones virtuales"*. Ayuda a que se hagan alianzas estratégicas para garantizar la solvencia o liquidez de las entidades financieras que hacen esto.

SISTEMA DE METAS DE INFLACIÓN. Mecanismo para mantener la estabilidad de precios, que consiste en un anuncio público del objetivo de inflación de un país a medio plazo y en la atribución de autoridad al Banco Central de ese país para el cumplimiento de ese objetivo. Brasil, Colombia, Chile, México y Perú son los países de América Latina que utilizan este sistema. Todos ellos han podido reducir los tipos de interés en 2008 y 2009 sin brote inflacionario. *(Comentarios de Coyuntura Económica del IESE, noviembre 2009).*

SISTEMA DE PENSIONES. Según Sandalio Gómez López-Egea, en Expansión de 18.4.09, existen dos modelos distintos para concebir el sistema de pensiones:

- El modelo de capitalización, en el que el trabajador va aportando a lo largo de su vida laboral un porcentaje de su sueldo a un fondo de pensiones, con el objetivo de constituir un capital que le permita, en el momento de su jubilación, asegurar un rendimiento suficiente para cubrir sus necesidades económicas. Simplemente, es *"ahorrar hoy para vivir mañana"*.
- En el modelo de reparto, una generación en activo, con sus cuotas a la Seguridad Social, paga el importe de las pensiones a otra generación ya jubilada, que, por tanto, no depende de lo que haya hecho por sí misma, sino de lo que los jóvenes sean capaces de financiar.

SISTEMA DE SOLIDARIDAD INTERTERRITORIAL. Aportaciones al conjunto del Estado español de las Comunidades Autónomas. **Ver BALANZA FISCAL.**

SITUACIONISMO. Movimiento internacional que celebra hace poco el 50 aniversario de su Manifiesto. Revisa las posibilidades de definir a la ciudad como un lugar de juego y apropiación mediante la creación de *"microambientes transitorios"*. No lo entiendo del todo. La nota que he leído va al lado de una foto de un edificio hecho con contenedores de colorines. Ahí debe estar el juego y lo transitorio. No sé dónde está la apropiación.

SIV. VEHÍCULOS DE INVERSIÓN ESTRUCTURADOS. Ver mi libro "La Crisis Ninja y otros misterios de la economía actual"

SKIMMING. Fraude consistente en la clonación de tarjetas de crédito.

SLEEP BOX. Una especie de habitación, instalada en un aeropuerto, donde se puede descansar, con cama, ducha, wi fi, aire acondicionado y pocas cosas más. Como un contenedor para recuperarse.

SLEEPING PARTNER. (Socio durmiente.) El inversor que pone dinero en una empresa sin afán de participar en su gobierno.

SLICKS. En Fórmula 1, gomas lisas.

SLOT. Derechos de despegue y aterrizaje en un aeropuerto.

SLOWFLATION. El paso anterior a la estanflación. Se caracteriza por una sensible ralentización de la actividad, deterioro del mercado laboral y fuertes subidas de precios.

SLOW MOVERS. Artículos que se venden mal.

SLOW TRAVEL. Viajes largos en tren para disfrutar sin prisas. (Ejemplos: París-Venecia, Highlands de Escocia, Transcantábrico, que une León y Santiago de Compostela. No sé si sigue existiendo el Transiberiano, París-Vladivostok, que siempre ha sido mi gran sueño. Un amigo mío dice que hay que hacerlo desde Vladivostok a París, porque si lo haces de aquí allá, te desmoralizas y te bajas en la segunda estación).

SMALL CAP. Compañía de pequeña capitalización y poco peso en Bolsa.

SMALL-SCALE TERRORISM. Terrorismo llevado a cabo por terroristas locales que hacen acciones no espectaculares, pero constantes y difíciles de controlar.

SMARQUESINA. <u>Octubre 2013.</u> En Barcelona, en el paseo de Gracia, se va a instalar una marquesina en una parada de autobuses, con wi-fi, fibra óptica, dispositivos y sensores ambientales, de movilidad, gestión de tráfico, etc. Tendrá una pantalla táctil gigante y desde allí se podrán hacer las consultas pertinentes.

SMART CITY. Ciudad que, en tiempo real, recopila todos los datos que se producen, procesándolos y utilizándolos para mejorar los servicios. (Dónde hay colapso de tráfico, en qué zona se necesitan más taxi o autobuses...)

SMART GRID. Sistema por el que las compañías eléctricas podrán monitorizar la distribución de electricidad, permitiéndoles responder rápidamente a las necesidades que se produzcan. Los consumidores podrán utilizar instrumentos que permitan controlar cómo y cuándo emplear la electricidad de modo más eficiente y barato.

SMART LABEL. Ver RFID

SMARTPHONE. Móvil avanzado. El que tenemos todos. El que mis nietos quieren que sus padres les compren.

SMI. SALARIO MÍNIMO INTERPROFESIONAL.

Agosto 2011. 641,4 €/mes.
Enero 2024. 1.134 €/mes.

SMOOTHIES. Bebidas de frutas naturales. Les llaman *"combinación de frutas licuadas"* y parece que es un mercado potencial que, en España, está en plena agitación.

SNCE, SISTEMA NACIONAL DE COMPENSACIÓN ELECTRÓNICA. Este sistema permite el intercambio, la compensación y la liquidación de la mayor parte de los instrumentos de pago al por menor que se utilizan en España, donde hay 1.300 millones de transacciones de este tipo al año. El Sistema está administrado por *Iberpay*, entidad formada por Bancos y Cajas en 2005, de la que se ha retirado el Banco de España en junio 2007.

SOBRECUALIFICACIÓN. Tener una formación y una experiencia superior a lo que se necesita para un puesto determinado.

SOCIEDADES INSTRUMENTALES FUERA DE BALANCE O SOCIEDADES DE PROPÓSITO ESPECIAL. Su objeto es ocultar las pérdidas e inflar los beneficios para mantener falsamente la cotización de las acciones.

SOCIMI. VER REIT. Según *Expansión* del 25.2.15, las **SOCIMI, SOCIEDADES ANÓNIMAS COTIZADAS DE INVERSIÓN INMOBILIARIA**, tienen como objetivo la adquisición, promoción y rehabilitación de activos para su alquiler, tanto directamente como a través de participaciones en otras **SOCIMIs.** Febrero 2015. Barceló lanza la primera **SOCIMI** hotelera.

SOCIO PARLAMENTARIO PREFERENTE. Partido que facilitó la investidura de Pedro Sánchez.

SOFT COMMODITIES. Alimentos, bebidas y piensos, cuyos precios han crecido, en promedio, un 38 % en 2007. Las causas son:
    La sequía
    La demanda de biofuel
    La reducción de superficies cultivables
    La caída de stocks
    El fuerte incremento de la demanda de países emergentes como China.

Previsión para 2008: crecimiento del 27 %.

SOFT POWER. Capacidad de una nación para conseguir que otros países hagan lo que a ella le conviene sin coaccionarles militarmente.

SOFT SKILLS. Herramientas como comunicación, liderazgo y capacidad para trabajar en equipo, muy demandadas actualmente. 2020

SOFTWARE DE DOBLE USO. Permite modificar las cifras reales de facturación para hacer constar menos ventas.

SOLOPRENEUR. El que emprende solo.

SOTKA. Medida rusa, standard para la medición de terrenos. Equivale a 100 metros cuadrados.

SPA. Balneario urbano. Creo que las siglas significan *"Salutem per aqua"* (a la salud por el agua.)

SPINNING. Ver INITIAL PUBLIC OFFERING.

SPIN-OFF. Empresa nacida de otra y separada de la original.

SPIT AND ACQUIT. Procedimiento legal de Orange County, California, por el que las personas acusadas de pequeños delitos son puestas en libertad si proporcionan una muestra de ADN.

SPLIT. Disminución del valor nominal de una acción con un aumento proporcional del número de acciones en circulación. O sea, si una acción está a 20 euros y hago un split o desdoblamiento, la cambio por 2 acciones de 10 euros. Sigo teniendo lo mismo, en valor absoluto y en porcentaje del capital social. El *split* se realiza para que cualquier persona pueda tener títulos de la Compañía que lo hace y para dar liquidez a las acciones. Al ser de menos precio, hay más gente que se anima a comprarlas.

SPOTIFY. Servicio para bajar y escuchar música gratuitamente.

SPONSORSHIP. Práctica común en los emiratos del Golfo, por la que los trabajadores extranjeros no pueden cambiar de trabajo, ya que sus visados están ligados a un empleo específico.

SPR. Sistema de precios de referencia, para fármacos de marca que han perdido su patente y para genéricos.

SPREAD. Ver RIESGO PAÍS. Diferencia entre los intereses de bonos emitidos por países diferentes.
19.3.03 el *spread* entre el bund (bono) alemán y el bono español era de 2 puntos básicos y ha llegado a estar a favor de la deuda española. (O sea, que, para captar

fondos, España hoy ofrece un interés de 2 puntos más que Alemania y ha habido temporadas en que no necesitaba ofrecer más.)

150108. Hoy el *spread* es de 13 puntos básicos, o sea, que el Bono alemán ofrece un 3.76 % de rendimiento y el español, un 3.89 %. En otras palabras, si quieres que los inversores compren bonos garantizados por el Estado español, éste ha de pagar más que si están garantizados por el Estado alemán. Esto es porque los inversores perciben mayor riesgo en los Bonos españoles y, a mayor riesgo, mayor interés.

STAGFLATION. (ESTANFLACIÓN). Estancamiento económico, desempleo e inflación.

STARMAKER. Ejecutivo que sabe formar equipos de trabajo brillantes. Dicen que ahora se llevan más los starmakers que los rainmakers. **Ver RAINMAKER.**

START UP. Lanzamiento de un negocio.

STAYCATION. Lo que hacen los que se quedan en casa en vez de ir de vacaciones.

STEERING COMMITTEE. El grupo de trabajo que se crea para dirigir una operación.

STOCK OPTIONS (OPCIONES SOBRE ACCIONES.) V. RETRIBUCIÓN VARIABLE.

STOCK PICKING Selección de valores de calidad infravalorados.

STEP SUCCESFUL TRANSGENERATIONAL ENTREPRENEURSHIP PROJECT. Septiembre 2010. Proyecto que pretende identificar los factores que influyen en que las familias empresarias mantengan comportamientos emprendedores de forma sostenida a lo largo de las generaciones. El proyecto está liderado en Europa por 7 Universidades y Escuelas de Negocios (en España, Esade) y participan en total 24 instituciones docentes para estudiar 56 casos en profundidad.

STOCK PICKERS. Cazadores de oportunidades.

STREET MARKETING. Plan de marketing que involucra a los ciudadanos. Por ejemplo: hace correr a un señor en traje de baño por la calle con el anuncio de la empresa que paga la publicidad.

STREETOCRACY. Lo que está pasando en Egipto. Democracia por masas en la calle. En 2012 echaron a los militares. Ahora, Julio 2013, han echado al presidente Morsi y han vuelto los militares.

STRESS TEST. Cálculo de la evolución del Capital de las entidades financieras en función de 5 variables:
 Morosidad
 Capacidad de generar beneficios
 PIB del país
 Paro del país
 Tipos de interés

Para cada entidad financiera, el stress test determina:
 La liquidez
 La solvencia
 La calidad de los activos

SUBASTA DE ENERGÍA. Venta de capacidad a la que están obligadas por ley las Compañías eléctricas para permitir la incorporación de nuevos competidores en el mercado.

SUBASTERO. Persona física o jurídica que va a las subastas que realizan Bancos y Cajas y puja por las casas o locales que estas entidades sacan a subasta para cobrar sus deudas.

SUBWAY SURFING. Moda muy peligrosa, que consiste en viajar en el techo o entre los vagones del metro.

SUCCESS FEE. Condiciona el cobro de una comisión al éxito de una gestión. **Ver COMISIÓN DE ÉXITO.**

"SUDOKU". Nombre que dio *el ministro Solbes* al sistema de financiación español, en el que las peticiones particulares de las Comunidades autónomas llegan a sumar más que el dinero disponible.

SUELDOS LIBRES DE IMPUESTOS. V. REMUNERACIONES.

SUKUK. V. BONOS ISLÁMICOS.

SUNFLOWER ARCHITECTURE (LA ARQUITECTUIRA DEL GIRASOL.) Solar-powered buildings that can rotate toward the sun.

SUNRISE PERIOD. Período de registro preferencial de un dominio en Internet.

SUPERÁVIT PRIMARIO. Lo mismo que **DÉFICIT PRIMARIO,** pero al revés. (Ingresos menos gastos).

SUPERDELEGADOS. Ver ELECCIONES NORTEAMERICANAS 2008.

SUPERMAJORS. Las grandes petroleras.

SUPER PAC. Grupo de apoyo a candidatos a la Presidencia de USA con alto poder de financiación a los partidos.

SURE. Fondo para cubrir el gato en prestaciones por desempleo

SWEETHEART DEALS. Acuerdos entre entidades financieras y otros organismos para la condonación de las deudas.

SWIFT, SOCIETY FOR WORLDWIDE INTERBANK FINANCIAL TELECOMMUNICATION. Consorcio que facilita el intercambio diario de decenas de millones de mensajes entre miles de instituciones financieras.

SWOT. Ver DAFO.

1. TABACO DE REGALÍA
2. TAG
3. TAG (OTRA ACEPCIÓN 1)
4. TAG (OTRA ACEPCIÓN 2)
5. TAGGING
6. TAE
7. TAKEOVER PANEL
8. TAM
9. TAPERING
10. TAQUILLA INVERSA
11. TARGET COSTING
12. TARIFA DE ACCESO
13. TARJETAS AFFINITIES
14. TARJETAS CONTACTLESS
15. TARP
16. TASA GOOGLE
17. TASA DE COBERTURA
18. TASA DE INTERCAMBIO
19. TASA DE REEMPLAZO
20. TASA DE REPOSICIÓN
21. TASA DE SUSTITUCIÓN
22. TASA ROBIN HOOD
23. TASA TOBIN
24. TAX FREEDOM DAY
25. TAX HAVEN
26. TAX LEASE
27. TAXI ROSA
28. TAXONOMY
29. TEAMING
30. TEASER
31. TEASER (OTRA ACEPCIÓN)
32. TEF
33. TELONERO
34. TEASER
35. TEDH
36. TELEPRESENCIA
37. TELETRABAJO INVERSO

38. TENDERPRENEUR
39. TEORÍA DE LOS JUEGOS
40. TEOREMA DE THOMAS
41. TERAVATIO HORA
42. TERCER POLO
43. TERCER SECTOR
44. TÉRMINOS DE INTERCAMBIO
45. TERRORISMO A PEQUEÑA ESCALA
46. TESTAMENTO VITAL DE UNA ENTIDAD FINANCIERA
47. TESTAFERRO
48. TETRA
49. TDT
50. THAKSINOMICS
51. THINSPIRATIONS
52. TIC
53. TIER 1
54. TIPO DE INTERÉS TEASER
55. TIPO REAL DE INTERÉS
56. TITULIZACIÓN
57. TJUE
58. TLAC
59. TLCAN
60. TLTRO
61. TOO BIG TO FAIL
62. TOUR DE TABLES
63. TPP
64. TRAC
65. TRACKING
66. TRADING
67. TRADING AUTOMÁTICO O ALGORÍTMICO
68. TRAMPA DE DEUDA
69. TRAMPA DE LA LIQUIDEZ
70. TRAMPA DE TUCÍDIDES
71. TRÁNSITO DE AGITACIÓN
72. TRANSFORMATIONAL OUTSOURCING
73. TRANSITION TOWNS
74. TRANSUMER
75. TRASTORNO DE ENCIERRO
76. TRAZABILIDAD

77. TRENDSETTER
78. TREPA
79. TRIGGER
80. TRINOMIOS
81. TRIPLE BALANCE
82. TRIPLE NET LEASE
83. TROIKA
84. TROLL
85. TRUST ECONOMY
86. TSUNDOKU
87. TT
88. TTF
89. TTIP
90. TTP
91. TUCK
92. TUR
93. TWITTER
94. TRENDING TOPIC

TABACO DE REGALÍA. Cartones de tabaco que se daban a los empleados de Tabacalera antes, y después a los de Altadis, a modo de paga extra. *(Estaba en el Convenio.)* Por supuesto, los eliminaron, con protestas de los empleados.

TAG. Ver OASIS.

TAG. (Otra acepción). Ver RFID

TAG. (Otra acepción.) Esos grafitties que parecen firmas o garabatos. O sea, grafitties pequeños.

TAGGING. Un sistema que permite utilizar los contenidos de los blogs que a uno le convengan. Usa la *"taxonomy"* o *"folksonomy"* (selección de páginas favoritas en cada blog.)

TAE. "Tasa anual equivalente" o "Tasa anual efectiva".
Si el 1 de enero tú pones en el Banco 100 euros a un año al 4 % y cobras los intereses el 31 de Diciembre, has cobrado 4 euros.

Si, en cambio, el 1 de enero tú pones en el Banco 100 euros a un año al 4 % y cobras los intereses el 31 de marzo, el 30 de junio, el 30 de Septiembre y el 31 de Diciembre, ocurrirá lo siguiente:

31 de marzo: cobras la cuarta parte de 4 euros, o sea, 1
30 de junio: cobras 1
30 de septiembre: cobras 1
31 de diciembre: cobras 1

Si:

El 1 de abril pones en el Banco los intereses del primer trimestre, o sea, 1, al 4 %, hasta 31 de Diciembre, ese día te darán 0,03 euros (o sea, tres cuartas partes de los intereses, porque lo tendrás puesto durante 9 meses)
El 1 de Julio pones en el Banco los intereses del segundo semestre, o sea, 1, al 4 %, hasta el 31 de diciembre, ese día te darán 0,02 euros (dos cuartas partes, porque lo tendrás puesto durante 6 meses)
El 1 de octubre haces lo mismo. Te darán 0,01
El 31 de diciembre no haces nada, porque se ha acabado el año.

El 31 de diciembre haces la suma total. Los 100 euros han producido: 1 + 1 + 1 + 1 + 0,03 + 0,02 + 0,01 = 4,06 **ESE ES EL TAE (el 4 % es el interés nominal)**

Esto para los productos de inversión. Para los préstamos es el coste efectivo del dinero que te dejan, que es mayor que lo que te dicen (el nominal) porque incluye gastos y comisiones.

TAKEOVER PANEL. Organismo supervisor de las fusiones y adquisiciones que involucren a una empresa británica. A pesar de su poca capacidad sancionadora, es una de las instituciones británicas más respetadas y las empresas suelen obedecer sus recomendaciones.

TAM, TOTAL ANUAL MÓVIL. TAM a Diciembre 2017 = Ventas Enero a Diciembre. TAM a Enero 2018 = esas ventas + ventas de Enero 2018 menos ventas de Enero 2017.

TAPERING. Reducción gradual de los estímulos económicos.

TAQUILLA INVERSA. En vez de pagar la entrada antes de entrar en el teatro, el público reserva su asiento y, al salir, paga lo que quiere en función de lo que le parece la obra.

TARGET COSTING. Proceso orientado a la reducción de costes en las fases de planificación y diseño de un producto. Cuando se extiende al proceso de fabricación, se habla de **Kaizen Costing**.

TARIFA DE ACCESO. Alquiler que deben pagar los nuevos operadores sin redes a las Eléctricas ya establecidas por el uso de sus cables hasta la casa de los usuarios.

TARJETAS AFFINITIES. Emitidas por los Bancos en colaboración con otras Compañías u Organizaciones (Universidades, equipos de fútbol, etc.)

TARJETAS CONTACTLESS. Tarjetas de crédito con tecnología de radio frecuencia. No necesitan pasar por un lector de banda magnética.

TARP. Programa de Alivio para Activos en Problemas. Plan de rescate de Bancos en USA.

TASA GOOGLE. Impuesto que debe gravar a los colosos de la economía digital.

TASA DE COBERTURA. Porcentaje de importaciones que se pueden pagar con las exportaciones. <u>Enero-Marzo 2017</u>:
Exportaciones/Importaciones=69.741,5/76.940,8=90,6%

TASA DE INTERCAMBIO. Comisión que la entidad propietaria del cajero automático cobra a las entidades emisoras de las tarjetas.

TASA DE REEMPLAZO. Mide el número de jubilados y el de trabajadores que sostienen los beneficios sociales. Es una variable importante para medir el grado de solidez del sistema de pensiones.

TASA DE REPOSICIÓN. Diferencia entre barriles de petróleo extraídos y nuevos descubrimientos.

TASA DE SUSTITUCIÓN. Importe de la primera pensión dividido por último salario.

TASA ROBIN HOOD. En Italia, subida del Impuesto de Sociedades a las Compañías energéticas para costear partidas tales como subvenciones a las renovables.

TASA TOBIN, TTF, TASA SOBRE LAS TRANSACCIONES FINANCIERAS. Propuesta para implantar un impuesto sobre todas las operaciones de compra-venta de acciones y de cambio de divisas, con destino a ayudar a los países en vías de desarrollo.

Junio 13. Se han comprometido a aplicarla 11 países, entre ellos España.

TAX FREEDOM DAY. El día del año en el que ciudadanos y empresas han ganado el suficiente dinero para satisfacer sus obligaciones tributarias. O sea, el primer día del año en que empiezas a ganar dinero limpio. En España, en 2009, este día ha sido el 9 de mayo. Ese año, los españoles trabajaron:
57 días para la Administración Central
29 para la Comunidad Autónoma correspondiente

11 para su Ayuntamiento
32 para la Seguridad Social

TAX HAVEN. Refugio fiscal. Mal traducido por **"PARAISO FISCAL"**, que se diría **"TAX HEAVEN"**. (Según Carlos Rodríguez Braun, en *Expansión*.)

TAX LEASE. Incentivo fiscal para entidades financieras y empresas que pueden amortizar aceleradamente su inversión en la construcción de un barco encargado a un astillero. Al amortizarse la inversión en muy poco tiempo, se produce un ahorro de impuestos durante ese tiempo.

TAXI ROSA. Taxis conducidos por mujeres y reservados sólo para mujeres. Funcionan en Nueva York y Londres.

TAXONOMY. V. TAGGING.

TEAMING. Iniciativa solidaria para reunir microdonaciones en equipo. Por ejemplo, todos los empleados de una empresa se comprometen a que se les descuente un euro al mes en su nómina para darlo a una buena causa.

TEASER. CD o DVD que hace el director o los actores de una película para animar a los inversores a que pongan dinero.

TEASER (otra acepción). Documento que recoge los números más significativos de una entidad. Suele preceder al mandato formal de venta.

TEF. Cereal que sólo se cultiva en Etiopía y que empieza a despertar el interés de la industria dietética en Europa y Estados Unidos. Como consecuencia., hay hiperinflación de su precio, aunque ha habido una buena cosecha.

TELETRABAJO INVERSO. Ver ABSENTISMO PRESENCIAL.

TELONERO. El que roba la carga de un camión rajando la lona.

TEDH. TRIBUNAL EUROPEO DE DERECHOS HUMANOS, con sede en Estrasburgo.

TELEPRESENCIA. Según *Expansión, 23.9.09,* la telepresencia es a la videoconferencia como un Rolls a un Fiesta. Utiliza pantallas de alta definición alrededor de la mesa y la voz se proyecta de acuerdo con la posición de cada interlocutor.

TELETRABAJO INVERSO. V. ABSENTISMO PRESENCIAL.

TELEVISIÓN DIGITAL TERRESTE. La que se recibe por cable.

TENDERPRENEUR. En Sudáfrica llaman así a los que se hacen ricos gracias a los contratos del Gobierno, incluido el soborno, claro.

TEORÍA DE LOS JUEGOS. Consiste en analizar una situación concreta en la que se estudian las posibilidades y repercusiones de una decisión, teniendo en cuenta las posibilidades de los rivales o competidores para así elaborar la estrategia más conveniente. El concepto de *"suma cero"* está ligado con esta teoría. Consiste en entender que muy frecuentemente, los jugadores -los competidores- tienen intereses diferentes, pero no contradictorios y, en consecuencia, se puede llegar a situaciones *"ganar-ganar"* (ganan los dos), dándose cuenta que, a veces, cooperar es mejor que competir.

Si, en un sector, hay una guerra de precios, la situación es *"perder-perder"*. Es un juego de suma negativa. Si, en vez de competir en precios, se compite en servicios, se puede salir de la suma negativa.

En 1994 dieron el Premio Nobel de Economía a tres teóricos de los juegos: John C. Harsayi, Reinhard Selten y John F. Nash ("Una mente maravillosa".)

En 2005 se lo han vuelto a dar a otros dos: *Thomas Shelling y Robert Aumann.*

TEOREMA DE THOMAS. Según Anton Costas, en *La Vanguardia*, el teorema dice que *"Lo que las personas perciben como real tiene consecuencias reales en su comportamiento" ("If men define situations as real, they are real in their consequences")*. ("The child in America: behavior problems and programs", de Thomas,1923).

TERAVATIO HORA. Mil millones de kilovatios hora.

TERCER POLO. Glaciares del Himalaya y el Tibet que ocupan partes de India, Pakistan, Nepal, Bhutan y China, y que son una importante reserva de agua para Asia.

TERCER SECTOR. Formado por entidades que, voluntariamente y sin ánimo de lucro, dedican sus esfuerzos a asistir a los ciudadanos en condiciones de vulnerabilidad.

TÉRMINOS DE INTERCAMBIO. Precio relativo de los bienes exportados respecto de los importados. Cuanto más alto, mejor, porque así se mejora la balanza comercial. *(Comentarios de Coyuntura Económica, IESE, Noviembre 2009)*.

TERRORISMO A PEQUEÑA ESCALA. Ver SMALL-SCALE TERRORISM.

TESTAMENTO VITAL DE UNA ENTIDAD FINANCIERA. Plan que explica cómo podría ser liquidada en caso de sufrir una crisis.

TESTAFERRO. Persona o entidad que hace una operación representando opacamente a otra. Es lo que siempre se pregunta: *"¿Quién está detrás de esto?"*
Como es natural, el testaferro cobra. Pero no es excesivamente caro. Ahora (19.6.08), se ha hablado de unos inversores que querían comprar el 3.5 % de las acciones del Banco Popular por 600 M € y, después, el 20 % del mismo Banco por 3.500 M €. La empresa a la que esos inversores le van a dar el encargo de compra es Blueprime Ltd.
En Expansión, en un artículo de **Miquel Roig**, he leído que el esquema es el siguiente:
Esos inversores pagan 130 libras por crear Blueprime Ltd. *(Dirección: calle Rivingstone, 93 A, en Harlem. Para los que queráis visitar aquello, hay un bar muy fashion allí cerca, el Cargo).* Capital suscrito: 1.000 libras. Registrado en Londres el 28.2.08, o sea, hace cuatro días. Leo que su representante legal es un socio de un bufete gibraltareño.
Le encargan a Blueprime que haga una oferta por las acciones del Popular.
Los del Popular van al registro a enterarse de quién es Blueprime. Y se enteran de su dirección postal y de que los puestos de Secretario, Administrador y Accionista están ocupados por una empresa que se llama Chalfen Services, que les deja una oficina en Londres a los inversores.
Chalfen tiene un capital de 103 libras y se acoge a una serie de excepciones que, según la Ley de Empresas del

Reino Unido, le permiten operar sin necesidad de someter sus cuentas a una auditoría.
Chalfen cobra:

646,25 libras por ocupar el puesto de director. No sé si es director, el que dirige, en sentido español, o director (consejero) en el sentido inglés.
176,25 libras por ser accionista
1.295 libras por los primeros 12 meses de oficina virtual en Londres.

Total, que por unas cochambrosas 2.423,75 libras (3.068 euros), que a todos nos sobran, podíamos montar un tingladillo y lanzarnos a por el Popular. El Santander quizá sería un poco más caro, pero no mucho.

TETRA (TERRESTRIAL TRUNKED RADIO). Infraestructura creada por la Unión Europea para unificar las distintas radios digitales empleadas por policías, bomberos, ambulancias, entidades financieras, etc.

TDT, TELEVISIÓN DIGITAL TERRESTRE. La que se recibe por antena.

THAKSINOMICS. En Tailandia, un plan que permitió a los habitantes de las zonas más pobres financiar sus proyectos con fondos gubernamentales.

THINSPIRATIONS. Fotos de personas ultraflacas. **Ver PROANA.**

TIC. Tecnologías de la información y comunicación.

TIER 1. Recursos propios de buena calidad que comprenden el Core Capital (Capital básico) más las

Acciones o Participaciones preferentes. **Ver ACCIONES O PARTICIPACIONDES PREFERENTES.**

TIPO DE INTERÉS TEASER. Créditos que se dan a interés cero durante los primeros meses, para enganchar al cliente.

TIPO REAL DE INTERÉS. El tipo nominal menos la inflación.

TITULIZACIÓN. Ver mi libro *"La Crisis Ninja y otros misterios de la economía actual"*

TJUE. TRIBUNAL DE JUSTICIA DE LA UNIÓN EUROPEA.

TLAC. Ver MUS.

TLCAN. Tratado de libre comercio de América del Norte, entre USA, Canadá y México, que Trump, Enero 2017, quiere renegociar.

TLTRO. Subasta de liquidez del BCE a los bancos para que se animen a dar créditos. Inyecciones de liquidez extraordinarias.

TOO BIG TO FAIL. Entidades demasiado grandes para dejarlas caer. Cada vez hay más ejemplos. Ahora se llaman **SYSTEMICALLY IMPORTANT FINANCIAL INSTITUTIONS, O SIFI**. (Instituciones financieras de importancia sistémica.)
Comentario: En cuanto a inventar nombres, estos chicos son unos cracks.

TOUR DE TABLES. La habitual toma de imágenes de los líderes políticos al comienzo de las reuniones,

mientras los asistentes se saludan y se sientan, y dicen cosas que captan los micrófonos y luego nos enteramos.
Comentario: A veces, pienso que los "descuidos" no son descuidos, sino que esos señores dicen lo que quieren que se sepa, pero de una manera "no oficial". Malos pensamientos que tiene uno.

TPP. Acuerdo comercial Asia-Pacífico, del que en enero 2017, se ha ido Trump.

TRAC. Miedo escénico.

TRACKING. Sondeo no publicable.

TRADING. Ver SERVICIOS QUE PRESTAN LAS BOLSAS.

TRADING AUTOMÁTICO O ALGORÍTMICO. Utiliza modelos matemáticos para identificar tendencias en la negociación de valores, con el objetivo de sacar jugo al mercado en operaciones de milésimas de segundo.

TRAMPA DE DEUDA. Dilema en el que los bancos centrales pueden ser reacios a subir los tipos de interés debido al miedo a provocar una crisis. Sin embargo, saben que los bajos tipos crean incentivos para una expansión imparable de la deuda.
En resumen:
Si bajo los tipos, la gente se endeuda imparablemente.
Si los subo, provoco recesión.

TRAMPA DE LA LIQUIDEZ. *(Según Fernando Trías de Bes, en La Vanguardia de 22.11.09)*. Familias, empresas y Estados están demasiado endeudados y, aun así, necesitan más crédito. Pero la liquidez inyectada por el BCE en Europa *(y supongo que en USA también)* está siendo parcialmente retenida por las entidades financieras, para sanear sus balances. El crédito se resiente y no se produce el multiplicador keynesiano. **Ver MULTIPLICADOR KEYNESIANO.**

Comentario: mi suposición de que "en USA también", parece que es cierta. El 14.12.09 Obama se reunió con altos directivos de entidades rescatadas para pedirles que apoyen la recuperación, facilitando créditos a las empresas.
Los representantes de Goldman Sachs, Morgan Stanley y Citi no acudieron al acto por las inclemencias del tiempo.
Otro comentario: ¡estos chicos...!

TRAMPA DE TUCÍDIDES. Los problemas que surgen entre la nación que manda y la que quiere mandar. Según Time de 17.4.17, la que manda actualmente es EEUU y la que quiere mandar, China.

TRÁNSITO DE AGITACIÓN. Vehículos que van sin rumbo por la ciudad buscando un sitio para aparcar.

TRANSFORMATIONAL OUTSOURCING. Utilización de la *Externalización* como herramienta para un cambio radical en una empresa.

TRANSITION TOWNS. Pequeños pueblos o ciudades que se centran en el comercio a pequeña escala, consumo de productos locales y puestos de trabajo para los locales. En **septiembre 09,** Brixton, un barrio londinense, emitió su propia moneda, la *"libra de Brixton"*. Sólo se puede gastar en los comercios afiliados. Esta idea nació en Kinsale, condado de Cork, en Irlanda, y se ha extendido a EEUU, Canadá, Australia, Nueva Zelanda, Italia y Chile.

TRANSUMER. Viene de *transit* y *consumer*, o sea, viajero en tránsito y consumidor. El concepto, que analiza a fondo Daniel Nisanoff en el libro *"Future shop"*, nace del viajero en tránsito en un aeropuerto o en una estación, que gasta todo lo que puede y un poco más con su tarjeta de crédito.
Este concepto se ha extendido a definir el comportamiento de las personas que quieren disfrutar de algo sin comprarlo. Esas personas alquilan bolsos, joyas, yates, etc.

Comentario: O sea, que cuando veáis a una señora con un bolso de Louis Vuitton, os podéis hacer dos preguntas: ¿Será de verdad Louis Vuitton? ¿Será suyo?

TRASTORNO DE ENCIERRO. Ver HIKIKOMORI.

TRAZABILIDAD. Proceso que va desde que un producto sale de la fábrica o del campo hasta que llega a manos de un consumidor. Una directiva europea de 1.1.05 obliga a las empresas de alimentación a garantizar la trazabilidad de todos los productos que fabrican o distribuyen.

TRENDSETTER. Aquel que se considera un icono en cualquier aspecto de la vida (música, ropa, cine, etc.) y que hace cosas que acaban poniéndose de moda. **(Ver EARLY ADOPTER.)**

TREPA. Según Florián Reyes, en su libro *"El arte de trepar en la empresa...sin trabajar demasiado, por supuesto"*, el **TREPA** es alguien que entra después de ti en una puerta giratoria y sale primero.

TRIGGER. 2017. Según Miguel Sebastián, en su libro *"La falsa bonanza"*, desencadenante y facilitador de excesos por venir.

TRINOMIOS. Según Joaquim Muns, en La Vanguardia de 13.2.11,

- VICIOSO. Endeudamiento + Consumo + Importaciones.
- VIRTUOSO. Ahorro + Inversión + Exportaciones.

TRIPLE BALANCE. Balance económico, Balance medioambiental y Balance social.

TRIPLE NET LEASE. Ver NET LEASE.

TROIKA. Comisión Europea+ BCE + FMI. Ahora se llama *"las Instituciones"*.
Comentario: ¡será por nombres!

TROLL. Internauta soez que cuelga mensajes insultantes en la red.

TRUST ECONOMY. V. SHARED ECONOMY.

TSUNDOKU. Irresistible pasión por acumular libros.

TTF. Ver TASA TOBIN.

TTIP. Acuerdo trasatlántico para el comercio y la inversión. La mayor zona de libre comercio del mundo.

TTP. Acuerdo transpacífico de cooperación económica. Diciembre 2016. Trump se lo quiere cargar.

TUCK. Sistema de reservas implantado por The Clove Club, un restaurante de una estrella Michelin en Londres, por el que si un comensal cancela su reserva con menos de 24 horas de antelación, tendrá que pagar el precio entero del menú más barato del local, o sea, 65 libras (90 euros). (Según Amparo Polo, en *Expansión*, 6.4.15)

TUR, TARIFA DE ÚLTIMO RECURSO. Precio máximo de la energía eléctrica para los particulares, con una potencia contratada inferior a 10 Kw, o sea, casi todos los hogares de España.

TWITTER. Servicio en Internet que permite que los usuarios informen de modo permanente, y, en principio, público, de lo que están haciendo o pensando en ese momento. Lo hacen mediante mensajes de un máximo de 140 caracteres. **FOLLOWERS (SEGUIDORES).** Los que siguen a alguien por Twitter. **Ver MICROBLOGGING.**

TRENDING TOPIC, TT. Tema más seguido en Twitter en un momento determinado.

1. UAV
2. UBER
3. U-CITY
4. UNIÓN EUROPEA (UE)
5. UGOS
6. ÚLTIMA MILLA
7. ULTRAACTIVIDAD
8. UNCTAD
9. UNICORNIO
10. UPPER CLASS.
11. UPSTREAM
12. URBANALIZACIÓN
13. USED

UAV. Avión espía no tripulado.

UBER. Noviembre 2016. Según la Compañía, plataforma online que pone en contacto a conductores y usuarios. Según los taxistas, Compañía que ofrece servicios de transporte.

U-CITY. Ciudad con un muy alto grado de conexión (wi-fi, etc., en todas partes.) Seúl es un modelo de U-city. (Lo de la U viene de *"Ubiquitous Seoul":* los ciudadanos pueden chequear la calidad del aire que respiran, el tráfico, etc.

UE. Unión Europea. Órganos:

- Consejo Europeo

Presidente fijo: Herman Van Rompuy
Presidente interino: cada país rota
28 Jefes de Estado o de Gobierno de los países miembros
Presidente de la Comisión
Fija objetivos y prioridades para los Estados miembros

- Comisión Europea (Gobierno) (Bruselas-Luxemburgo)

Presidente: Jean-Claude Juncker
28 Comisarios, uno por cada país.
Propone nueva legislación al Parlamento y al Consejo.
Gestiona el presupuesto de la UE
Hace cumplir la legislación
Representa externamente a la UE.

(Según Joaquín Almunia, cuando era Comisario, "las recomendaciones de los Comisarios no son recomendaciones: son obligaciones". O sea: "entérense de quién manda").

- Parlamento Europeo (Eurocámara). Estrasburgo-Bruselas

Presidente: Martin Schultz
766 diputados, elegidos por votación directa de los europeos

- Eurogrupo

Presidente: Jeroen Dijsselbloem
Ministros de Economía y Finanzas, que se reúnen informalmente una vez al mes

- Banco Central Europeo, BCE

Presidente: Mario Draghi
Supervisa 128 bancos europeos

- Mecanismo Único de Resolución, MUR

Presidenta: Elke König
Consejo: Antoni Carrascosa, exDG del FROB, la autoridad de resolución española y otros.
Su tarea empieza cuando la supervisión del BCE no haya sido capaz de garantizar la salud de un banco y la enfermedad sea tan grave que haya que darle la vuelta de arriba abajo, resucitarlo con fondos privados -o públicos en última instancia-, o desmantelarlo de forma ordenada sin dañar al resto de bancos. (Según Alicia Crespo, *Expansión,* 7.4.15)
Gestiona los recursos del

- Fondo único de Resolución, FUR

55.000 millones que pondrán los bancos

UNIÓN EUROPEA (Actualización)

- COMISIÓN (GOBIERNO) Presidenta: Ursula von der Leyen, Partido Popular
- Comisario de Economía Paolo Gentiloni
- Asuntos Exteriores Josep Borrell
- PARLAMENTO (EUROCÁMARA) Presidente: David Sassoli, Socialista
- EUROGRUPO, formado por los ministros de Economía. Presidente: Mario Centeno, Socialista
- JUNTA FISCAL EUROPEA. Cuerpo consultivo que hace propuestas para mejorar la política fiscal europea.
- CONSEJO EUROPEO. Presidente: Charles Michel, Liberal/Presidenta de turno 1 julio-31 de Diciembre de 2020, Alemania (Angla Merkel)
- MARCO FINANCIERO PLURIANUAL, MFP. Como el Plan Estratégico de la UE.

- PRESUPUESTO, propuesto en Febrero 2019 por el Consejo Europeo. Suma 1.094,8 millones de euros, y equivale al 1,074 % del PIB de los 27 socios. Dentro del Presupuesto:

    - FONDOS DE COHESIÓN, 323.200 millones
    - POLÍTICA AGRARIACOMÚN, PAC 329.300 millones
    - AMPLIACIÓN DEL BANCO EUROPEO DE INVERSIONES, BEI 100.000 millones

- (1/4 del presupuesto es para la TRANSICIÓN ECOLÓGICA)

UGOS. En algún Banco, la Unidad de Gestión de Operaciones Singulares. Se dedica, con este u otros nombres, a negociar con grandes deudores y a intentar recuperar lo que se pueda.

ÚLTIMA MILLA. En el *e-commerce,* el último tramo en la entrega de un producto, frecuentemente un mensajero urbano.

ULTRAACTIVIDAD. En los Convenios Colectivos, mantener la vigencia más allá del tiempo de duración pactado. Enero 2011. *Nueva definición.* Compromiso de renovar los contenidos y suprimir lo obsoleto. Julio 2013. *Otra definición.* Prórroga automática de los convenios denunciados y pendientes de renovar.

UNCTAD, CONFERENCIA DE LAS NACIONES UNIDAS SOBRE COMERCIO Y DESARROLLO.

UNICORNIO. Start up valorada en más de 1.000 millones de dólares que no cotizan aún en bolsa. En su mayoría son empresas tecnológicas. Junio 2017. Hay quien dice que están sobrevaloradas en un 51 % de promedio. O sea, que puede haber problemas en un próximo futuro.

UPSTREAM. Colaboración entre fabricantes y proveedores de materias primas. En la industria petrolera, explotación y distribución.

URBANALIZACIÓN. Según Francesc Muñoz, profesor de la UAB, urbanización dispersa, al margen del planeamiento ordenado.

USED. Según Clara Sanchis, en la Vanguardia, tratamiento que se da a una prenda por el que "las irregularidades de color y de desgaste no deben tomarse como defecto, sino como un valor añadido a la prenda".

1. VACACIONES FISCALES
2. VAMPIRO DE ENERGÍA
3. VANITY PLATES
4. V2X
5. VENDRIFICATION
6. VENTA AL DESNUDO O VENTA AL DESCUBIERTO
7. VENTA POR SELL-OUT
8. VENTURE CAPITAL
9. VIDEO SNACKING
10. VIERNES SIN E-MAIL
11. VINO SUPURADO
12. VINTAGE
13. VIVIENDA DE RENTA LIBRE
14. VIVIR EN BETA
15. VIVIR LOW COST
16. VIVIR LOW PRICE
17. VIRTOPSIA
18. VIX
19. VLJ
20. VOCABLOS DE GOURMETS
21. VOIP
22. VOLUNTURISMO
23. VOTO ZAPPING
24. VPO
25. VRANYO
26. VUCA
27. VULTURE FUNDS

VACACIONES FISCALES. Exención parcial o total de impuestos durante los primeros años de implantación de una Compañía en un país.

VAMPIRO DE ENERGÍA. Según John Gordon en *Prohibido quejarse,* el que es capaz de fulminar el optimismo en su entorno, y se convierte en un auténtico destructor del entusiasmo y la motivación. **Ver INÚTIL LABORAL.**

VANITY PLATES. Ver GEEKS.

V2X. Índice que sirve de termómetro de los nervios del mercado bursátil en Europa. No sé cómo se calcula. Sé que el 28 % es un nivel muy alto.

VENDRIFICATION. Fenómeno que se está produciendo en Nueva York por el que los vendedores de comida en las calles se están sofisticando.

VENTA AL DESNUDO o VENTA AL DESCUBIERTO. Ver SHORT SELLING.

VENTA POR SELL-OUT. Aplicar un descuento por unidad vendida durante un tiempo determinado.

VENTURE CAPITAL. Actividad de inversión de las entidades de capital riesgo en empresas que están en sus primeras fases de desarrollo (semilla y arranque.)

VIDEO SNACKING. La práctica de ver videos o películas en el ordenador, móvil o similar. Se da *(no sé si mucho o poco)* a la hora de comer, en las oficinas. La gente se lleva un *snack* para ir picando y, mientras se quita el hambre, se entretiene.

VIERNES SIN E-MAIL. Política de alguna empresa, por la que los viernes, los empleados tienen que resolver los problemas por teléfono o cara a cara.

VINO SUPURADO. Caldo muy dulce, extraído de unas uvas a las que el frío les ha arrugado y encogido la piel.

VINTAGE. Tiendas que venden ropa usada de alta calidad, seleccionada cuidadosamente. Casi siempre, van unidas a algún tipo de causa social, a la que van parte de sus beneficios.

VIVIENDA DE RENTA LIBRE. Promovida por una empresa privada y cuyo precio depende del mercado. **Ver VPO.**

VIVIR EN BETA. El que entiende que el mundo está en constante evolución y que si algo funciona bien lo incorpora inmediatamente a su vida diaria, sin tener miedo a dejar de hacer lo de siempre.

VIVIR LOW COST. Forma de vida que intenta vivir de forma práctica. O sea, pretenden gastar con la cabeza. Buscan productos y servicios competitivos, comparan unas ofertas con otras, miran con lupa la letra pequeña de los contratos, etc.

VIVIR LOW PRICE. Comprar algo más barato porque está pasado de moda o tiene alguna tara.

VIRTOPSIA. Autopsia que utiliza procedimientos no invasivos e imágenes en 3-D.

VIX, EXCHANGE VOLATILITY INDEX. Índice de volatilidad de las acciones estadounidenses. Es el índice que mide el miedo de los inversores. Seguido con mucha atención en el resto del mundo.

VLJ. VERY LIGHT JETS. Aviones ligeros y más baratos , de pocas plazas (5-8) y poco consumo, para aviación ejecutiva *(alquiler y venta de aviones particulares)*.

VOCABLOS DE GOURMETS.

- **AFTERWORK.** Tomar una copa al salir del trabajo.<u>Comentario.</u> *Esto lo hacía yo con mis amigos en Zaragoza, cuando íbamos a "La Espiga". No sabíamos que se llamaba "afterwork", pero lo pasábamos muy bien.)*
- **BRUNCH.** Especie de desayuno tardío.
- **DRUNCH.** Reinvención de la merienda-cena.<u>Comentario.</u> *Cuando mi novia y yo tomábamos gambas al ajillo a las 8.30 de la noche, era un drunch. (Luego cenábamos, por supuesto.)*
- **PRUNCH. BRUNCH + PONCHE.**

VoIP. Transmisión de las llamadas telefónicas utilizando el standard tecnológico que utiliza Internet, es decir, la norma IP *(Internet Protocol.)*

VOLUNTURISMO. Personas que hacen turismo de alto *standing* combinado con ayuda a regiones o personas necesitadas.

VOTO ZAPPING. Cambio compulsivo de voto para ver si se produce el milagro.

VPO. Vivienda de protección oficial, hoy, <u>mayo 2011</u> llamadas **VPP** Viviendas de protección pública. Su precio lo marcan ente el Estado y las CCAA y varía en función del **IPC.**

VRANYO. En Rusia, decir una mentira que uno no espera que se crea, pero que la utiliza como último recurso para salvar la cara.

VUCA. Entorno volátil, incierto, complejo y ambiguo.

VULTURE FUNDS. Ver DISTRESSED FUNDS Y FONDOS BUITRE.

1. WAIVER
2. W@VO
3. WARDROBING
4. WARRANT
5. WATER NEUTRAL
6. WEARABLE TECHNOLOGY
7. WEBINAR
8. WELFARE STATE
9. WET LEASE
10. WINDOW MAN
11. WHISTLEBLOWER
12. WHISTLEBLOWING HOTLINE
13. WHITE LIST
14. WIKI
15. WIKILENGUA
16. WIKIPEDIA
17. WI-MAX
18. WINDOW MAN
19. WPA
20. WRONG TRACK NUMBER
21. WSBI

WAIVER. Plazo adicional que se pide a los Bancos cuando no se puede pagar en la fecha comprometida.
Comentario: Hace años, mi amigo de San Quirico hizo un waiver a la Caja de Ahorros del pueblo. No sabía que se llamaba así y la morosidad le daba apuro. Me ha dicho: "Si hubiera sabido lo del waiver, habría ido con la cara muy alta".

W@VO, WORKING AT VIRTUAL OFFICE. Sistema de teletrabajo para empleados que puedan realizar su trabajo a distancia y que tengan disposición de funcionar *(y cobrar)* por objetivos.

WARDROBING. Práctica que consiste en comprar ropa, usarla sin quitar la etiqueta y devolverla.

WARRANT. Ver DERIVADOS.

WATER NEUTRAL. Compromiso de Coca-cola, por el que ha acordado que cada gota de agua que utilicen para fabricar bebida volverá a la tierra o se compensará por medio de programas de conservación y reciclaje.

WEARABLE TECHNOLOGY. Tecnología portable. Relojes o auriculares conectados a Internet.

WEBINAR (WEB + SEMINAR). Seminario ofrecido on line.

WELFARE STATE. Ver ESTADO DE BIENESTAR.

WET LEASE. En Compañías aéreas, alquiler de flota y tripulación. Por ejemplo, a veces se vuela en *Iberia*, pero la tripulación y el avión es de *Girjet*.

WINDOW MAN. Ver **HOMBRE VENTANA.**

WHISTLEBLOWER. Alguien que denuncia alguna mala práctica empresarial.

WHISTLEBLOWING HOTLINE (LÍNEA ÉTICA). Canal de denuncia de malas prácticas empresariales.

WHITE LIST. OURCING

WIKI. Software simple que se puede descargar gratuitamente y que permite hacer una web en la que puede intervenir cualquiera que lo desee y al que el *"dueño"* se lo permita. Fue creado por Ward Cunningham, programador, en 1995.
- ***CONCEPTO WIKI.*** Participación libre, inmediata y gratuita de los internautas en la creación de los contenidos en la red.

WIKILENGUA. Herramienta informática para compartir dudas, opiniones e información sobre el uso del español.

WIKIPEDIA. Enciclopedia de libre entrada, en la que el que quiera puede escribir, añadiendo voces.

WI-MAX (Worldwide Interoperability for Microwave Access.) Tecnología que permite desplegar redes inalámbricas de banda ancha en zonas metropolitanas o rurales, a las que se puede acceder desde terminales fijos y, en un futuro, también móviles.

WINDOW MAN. Me dijeron que en algunas grandes empresas japonesas, a los ejecutivos importantes, cuando les llega la edad de la jubilación, les envían al último piso del edificio, donde tienen despacho, secretaria, pastelitos y periódicos, pero nada de trabajo. Dicen que bastantes acaban tirándose por la ventana. No sé si es verdad.

WPA, WORKS PROGRESS ADMINISTRATION. Según Alfredo Pastor, en la Vanguardia de 16.6.20, agencia creada por el presidente Roosevelt en 1935. Ofrecía un empleo, el salario mínimo local y condiciones de trabajo decentes. El grueso de sus esfuerzos se centró en obras públicas que ya están hechas aquí, en España. Sin embargo, aquí el Estado podría crear empleo en aquellos proyectos que tanto el cambio climático como la transición energética requieren, o en programas de construcción o rehabilitación de viviendas o en mejorar los estándares de cuidado de las personas de la tercera edad.

WRONG TRACK NUMBER. Índice de insatisfacción que mide el porcentaje de votantes que piensan que el país está siendo dirigido en la dirección equivocada.

WSBI: Instituto Mundial de Cajas de Ahorro y Bancos Minoristas.

1. YAYOFLAUTAS
2. YEPPIES
3. YIHAD COOL
4. YPO

YAYOFLAUTAS. Personas mayores que hacen cosas amablemente subversivas para mejorar la sociedad: Por ejemplo, poner cartelitos en las baldosas rotas de las aceras.

YEPPIES. Jóvenes en busca de *"la experiencia perfecta"*. Ni trabajo para toda la vida, ni novio/a para casarse.
Comentario: O sea, "¡a vivir, que son 4 días!" Lo malo es si son 5 días en lugar de 4.

YIHAD COOL. Radicalización de extremistas a través de internet.

YPO, YOUNG PRESIDENTS´ ORGANIZATION. Red exclusiva de contactos profesionales, muy arraigada en USA y con delegaciones en muchos países. Los miembros se llaman YPOERS, que según La Vanguardia de 27.12.09, se pronuncia *uaipiouers*.

1. ZAL
2. ZDP
3. ZERP
4. ZOMBIES
5. ZONA BLANCA
6. ZONA DE EXCLUSIÓN AÉREA
7. ZUGZWANG

ZAL. Zona de Actividades Logísticas del Puerto de *Barcelona*.

ZDP. Zona de desarrollo prioritario de parques eólicos.

ZERP. V. INFORME ZERP.

ZOMBIES. Entidades financieras inviables que se mantienen artificialmente. Otra acepción: **Ver BOTNET.**

ZONA BLANCA. Donde no hay cobertura de Internet.

ZONA DE EXCLUSIÓN AÉREA. Espacio restringido para el tráfico aéreo, que conlleva un intenso control del enemigo.

ZUGZWANG. En ajedrez, la posición en la que se sabe con seguridad que, sea cual sea el movimiento que se haga, la situación empeorará,